W0196939

Sam Jordison

Das große Buch der schlimmsten Dinge

SAM JORDISON

Das große Buch der
SCHLIMMSTEN
DINGE

ÜBER 800 FAKTEN

VERRÜCKT * GEFÄHRLICH * KATASTROPHAL

Aus dem Englischen von Matthias Schulz

Anaconda

Titel der englischen Originalausgabe:
»The 10 Worst of Everything. The Big Book of Bad«
First published in Great Britain in 2018
by Michael O'Mara Books Limited, London.

Die Deutsche Nationalbibliothek verzeichnet diese Publikation
in der Deutschen Nationalbibliografie; detaillierte bibliografische Daten
sind im Internet unter http://dnb.d-nb.de abrufbar.

Lizenzausgabe mit freundlicher Genehmigung
© dieser Ausgabe 2019 Anaconda Verlag GmbH, Köln
Alle Rechte vorbehalten.
Umschlaggestaltung: Druckfrei. Dagmar Herrmann, Bad Honnef
Umschlagabbildungen: shutterstock.com – Doodle Art (Hund, Wolke, Pflanze, Sprech-
blase, Buch); shutterstock.com – Nikolaeva (Schallplatte, Sterne, Megaphon, Noten)
Satz und Layout: Achim Münster, Overath
Printed in Czech Republic 2019
ISBN 978-3-7306-0695-7
www.anacondaverlag.de
info@anacondaverlag.de

Für Elly and Polly

INHALT

EINLEITUNG

Erinnern Sie sich noch an 1997? Damals feierte die Popband D:Ream mit »Things can only get better« einen Nummer-eins-Hit in Großbritannien. Damals erschien einem die Vorstellung, dass tatsächlich alles immer nur noch besser und besser werden kann, noch nicht völlig aus der Luft gegriffen: Das Studium in Großbritannien war kostenlos, der Kalte Krieg verblasste im Rückspiegel der Geschichte, Bill Clinton war Präsident der USA und New Labour stand vor der Machtübernahme in Großbritannien. Allgemein herrschte das Gefühl vor, dass es nach diesem 20. Jahrhundert, in dem so furchtbar viel so furchtbar schief gelaufen war, ja wohl kaum noch schlimmer kommen könnte. Aber das war damals, in der guten alten Zeit vor Brexit und Trump. Wie sich gezeigt hat, waren wir sehr kreativ, als es daran ging, Wege zu finden, die Dinge tatsächlich noch schlimmer zu machen.

Das ist meistens so.

Im Laufe der Menschheitsgeschichte haben wir einige herausragende Dinge geschaffen, aber die Mehrheit von uns war zumeist viel besser darin, es zu verbocken. Auf jeden Julius Cäsar kamen Tausende Gallier, die halbnackt schreiend in ihren Untergang stürmten. Auf jeden John Lennon kamen Millionen, die mit der zum Mikro umfunktionierten Haarbürste vor dem Spiegel im Badezimmer »performten« und keinen Ton trafen. Bevor die Gebrüder Wright sich in die Lüfte schwangen, gab es Tausende Narren, die sich Flügel umschnallten und wild damit schlagend in den Abgrund stürzten.

Die meisten Bücher heben eher die Ausnahmen hervor als das Normale. Sie konzentrieren sich auf diejenigen, die besonders viel geleistet haben, auf die einmaligen Erfolge oder die besonders ungewöhnlichen Erlebnisse. Sie bieten keinen gerechten Blick auf das allgemeine Auf und Ab im Verlauf der Geschichte, sondern sorgen dafür, dass sich der durchschnittliche Leser nur noch … nun ja, noch durchschnittlicher fühlt. *Das große Buch der schlimmsten Dinge* möchte diese Schieflage etwas korrigieren und zeigen, dass Sie sich keinen allzu großen Kopf machen sollten, wenn Ihre Pläne einmal nicht aufgehen. Das macht Sie letztlich nur noch menschlicher. Es gibt immer noch viel mehr, was wir nicht wissen, als das, was wir wissen. Es gibt immer noch jede Menge, das wir verbessern können. Das Leben bietet viel, viel mehr als das, was sich die meisten unserer Philosophien erträumen. Und es gibt fast immer jemanden, den es noch schlimmer erwischt hat als einen selbst. Das ist doch beruhigend, oder?

Nicht nur das, oftmals ist es auch amüsant. Und faszinierend. Wir können sehr viel aus unseren eigenen Fehlern lernen, aber es bringt auch reichlich gute Erkenntnisse, wenn wir uns ansehen, was bei den anderen so alles schiefgelaufen ist. Und da gibt es SEHR VIEL zu lernen, schließlich sind die anderen so viele mehr als Sie und ich.

Weil auf der Welt nicht alles immer einem geraden Kurs folgt, nimmt *Das große Buch der schlimmsten Dinge* keinen direkten Weg. Außerdem habe ich noch nie gezögert, einen Umweg einzuschlagen, wenn sich am Wegesrand interessante Möglichkeiten eröffneten.

Ach so, noch ein Hinweis für Menschen, die alles wortwörtlich nehmen: Natürlich habe ich es nicht geschafft, tatsächlich von *allem* die zehn schlimmsten Exemplare in diesem Buch unterzubringen. Nicht, dass ich es nicht versucht hätte, dafür mag ich Listen viel zu sehr, aber bei allem erreicht man irgendwann Grenzen. Mit diesem Buch verfolge ich die Absicht, ein gutes Handbuch über Fakten aus aller Welt abzuliefern, nützliche Hinweise zu geben, um welche Orte man besser einen Bogen macht, und das Ganze mit jeder Menge irrsinniger Ideen aus der Welt der Medizin, der Geschichte, des Sports, des Essens und Trinkens, der Kultur, der Wissenschaft und unseres verrückten Miteinanders zu garnieren.

Natürlich lässt sich trefflich darüber streiten, wie man »schlimm« messen soll. Wo immer ich auf nützliche Statistiken und Daten stieß, habe ich mich bemüht, sie zu überprüfen und einzubauen. Ich erwähne meine Rechercheleistung vor allem deshalb, weil ich möchte, dass Sie wissen, dass ich tatsächlich recherchiert und mir all das verrückte Zeug nicht einfach aus den Fingern gesogen habe. Oft war es gar nicht so einfach, Fakten herauszufinden oder verlässliche Informationen über viele der in diesem Buch behandelten Punkte auszugraben. Viel leichter war es dagegen, unzuverlässige Informationen zu finden. Ich habe ein Buch über Fake News geschrieben, aber wie sich herausgestellt hat, beschränken sich die Falschinformationen keineswegs auf Dinge wie Trump und Brexit. Auch bei den Sachen, die man in Top-Ten-Listen packen will, kursieren jede Menge falscher Daten. Irgendwo in dem ganzen Quatsch vergraben findet sich aber auch die Wahrheit und ich hoffe, dass es mir gelungen ist,

Ihnen nur die wahrsten Wahrheiten zu servieren. Wenn es zu den unterschiedlichen Themenbereichen wahrhaftige Fachleute gab, habe ich mich bemüht, sie gebührend zu würdigen.

Der ganze Rest stammt größtenteils von mir. Natürlich sind viele dieser Listen rein subjektive Angelegenheiten, das liegt in der Natur der Sache. Zögern Sie also nicht, sie auch entsprechend zu beurteilen. Ich sage das nicht, um möglichen »Schlimmste Bücher«-Witze gleich den Wind aus den Segeln zu nehmen, sondern weil derartige Listen meiner Meinung nach auch deshalb so viel Spaß bereiten, weil man so herrlich über deren Fehler nachdenken kann. Ich hoffe, Sie finden viel Vergnügen daran, völlig anderer Meinung als ich zu sein, den Kopf zu schütteln über die lachhaften Handlungsstränge romantischer Komödien, zurückzuzucken vor der reinen Boshaftigkeit von Krokodilen und über unsere Anführer zu stöhnen. Obwohl ich natürlich Recht habe, was die BMWs angeht (Sie werden schon sehen, was ich meine). Zumindest in diesem Punkt sollte es keine Diskussionen geben …

KAPITEL 1

NATUR, DU SACK

Im Verlauf der Menschheitsgeschichte ist bei uns jede Menge schiefgegangen. Auf der Habenseite steht, dass wir es zumindest geschafft haben, bis heute zu überleben. Darauf können wir uns tatsächlich einiges einbilden – vor allem wenn man bedenkt, dass es offenbar weite Teile der Schöpfung auf uns abgesehen haben.

DIE ZEHN SCHLIMMSTEN MENSCHLICHEN PARASITEN[1]

Einfach gesagt handelt es sich bei Parasiten um Organismen, die sich auf Kosten anderer Organismen mit Nährstoffen vollstopfen. Voll die kapitalistischen Schweinehunde, wenn man so will.

10. Bandwurm

Mächtig lange Würmer, die sich in Ihrem Darm festsetzen, auch schon mal mehrere Meter lang werden und die Teile von sich abwerfen können. Sie legen Eier in Ihrem Gedärms und bilden – spätestens jetzt wird es eklig – Zysten, die in Ihnen in der Hoffnung herumwandern, dass Sie einfach irgendwo mitten auf der Straße tot zusammenbrechen und verrotten. Wenn Sie dann nämlich etwas anknabbert, können die Biester zum nächsten Wirtstier wechseln.

....

1 Es ist letztlich Geschmackssache, aber Parasiten, die den Menschen *nicht* befallen, können noch viel schlimmer sein. Es gibt beispielsweise einen Parasiten, der Nördlichen Schnappern die Zunge abbeißt und dann im Maul des armen Fischs weiterlebt und sein Blut trinkt. Er dockt an die Zungenmuskeln an, macht es sich dort gemütlich und schlackert herum, als sei er die echte Zunge. Dann gibt es eine Wespe, die einer Kakerlake Gift ins Hirn spritzt und die Kakerlake durch Hypnose dazu bringt, sie zu ihrem Bau zurück zu tragen. Dort knuspert die Wespe genüsslich die halbe Schabe weg, legt dann ihre Eier in den Rest und überlässt es dem Nachwuchs, sich an dem Kadaver gütlich zu tun. Ach, und dann ist da noch ein ganz seltsamer Geselle. Er lebt im Kot und wenn Schnecken ihn fressen, wandert er an die Augenstiele der Schnecke und verwandelt sie in etwas Grünes, das wie eine Raupe aussieht. Gleichzeitig übernimmt der Parasit das Gehirn der Schnecke und verpasst ihr neue Stiele, die ständig ausgefahren sind. Auf diese Weise lockt der Parasit Vögel an, die die Schnecke fressen. Das wiederum erlaubt es dem Parasiten, im Körper des Vogels Eier zu legen. Diese werden ausgeschieden, von Schnecken gefressen und schon geht das ganze schreckliche Spiel von vorne los. Der wissenschaftliche Name des Parasiten ist *Leucocloridium paradoxum,* was sehr frei übersetzt etwa so viel heißt wie »Verpiss dich und lass mich bloß in Ruhe, wenn du weißt, was gut für dich ist«.

9. Krätzemilbe

Kleine Viecher, die sich in die Haut bohren und ihren Kot ins Blut absondern, was einen unerträglichen Juckreiz auslöst. Wenn Sie das ganz große Los gezogen haben, bringen sie Millionen Freunde mit und bescheren Ihnen Borkenkrätze, was in der Realität wirklich so furchtbar ist, wie es Ihnen Ihre Fantasie gerade einredet.

8. Neuwelt-Schraubenwurmfliege

Der wissenschaftliche Name lautet *Cochliomyia hominivorax*. »Cochliomyia« bedeutet »Schraubenwurm«, »hominivorax« bedeutet »menschenfressend«. Der Name kommt nicht von irgendwoher, denn dieser Parasit legt in offenen Wunden Maden ab, die sich dann mit speziellen Beißwerkzeugen tief ins Fleisch bohren. Versucht man, sie zu entfernen, graben sie sich nur noch tiefer ein und fressen sich dabei durch Muskeln, Blutgefäße und auch schon mal das eine oder andere wichtige Organ.

7. Australische Lähmungszecke

Es wird schlimmer und schlimmer. Diese furchtbaren kleinen Terroristen trinken Ihr Blut und sind dabei so freundlich, Ihnen all ihre Krankheiten aufzuhalsen. Damit nicht genug: Sie sondern auch noch ein Gift ab, das zur Lähmung führt und in manchen Fällen zum Versagen der Lungen.

6. Spulwurm

Eine gar nicht mal so seltene Form des Wurmbefalls. Aber nur weil Spulwürmer keine Exoten sind, macht sie das nicht zu ausgesprochen üblen Zeitgenossen. Schlimm genug, wenn sie wie ein Haufen Höllen-Spaghetti aus Ihrem Hinterteil hervorschießen, aber sie können sich auch in der Lunge ansiedeln. Und

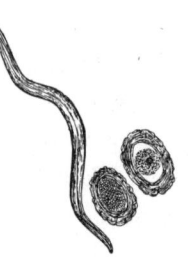

wenn das passiert, wählen sie als Ausgang Mund und Nase. Jetzt stellen Sie sich vor, das passiert Ihnen beim allerersten Date! Schlimmer wäre doch nur noch, wenn sich Ihr Gegenüber als begeisterter Trump-Fan zu erkennen gibt.

5. Filarien

Diese Fadenwürmer machen es sich in Lymphgefäßen gemütlich und verhindern dort, dass Flüssigkeit ordnungsgemäß abläuft. Die Folge: gewaltige, schmerzhafte Schwellungen und Gewebeverformungen, die nicht ohne Grund als Elephantiasis bezeichnet werden. Herzlichen Dank dafür, werte Filarien.

4. Medinawurm

Medinawürmer oder Guineawürmer beginnen ihre Karriere in Wasserflöhen. Trinkt man versehentlich das infizierte Wasser, lösen sich die Flöhe auf und die Würmer breiten sich im Körper aus. Sie setzen sich in der Magenwand fest und wachsen dort bis zu einer Länge von einem Meter heran. Und wenn Frau Medinawurm und Herr Medinawurm zueinanderfinden, kann das zur Folge haben, dass sie bis zu drei Millionen Embryos produziert.[1] Dabei wandert sie auf ausgesprochen schmerzhafte Art und Weise durch das Unterhautgewebe bis zum Fuß, wo sie eine brennende und quälende Blase verursacht. Vor lauter Pein weiß das Opfer nicht mehr ein noch aus und hält die schmerzende Stelle ins Wasser – jetzt erbricht der Wurm seine drei Millionen Babys, die sich aufmachen, Flöhe zu infizieren. Zum krönenden

....

1 Drei Millionen, ernsthaft? Ich bewege mich nie wieder in die Nähe von Wasser.

Abschluss darf das Opfer nun die nächsten Wochen damit verbringen, Mutter Wurm auf einem Stock aufzudrehen und sie auf diese Weise aus dem Körper zu holen. Dabei kann man bloß beten, dass der Wurm nicht reißt und weitere Infektionen verursacht.

3. Naegleria fowleri

Oh Mist, hier haben wir es offenbar mit einer Zombie-Amöbe zu tun, denn sie frisst Gehirn. Hat man das Pech, infiziertes Wasser durch die Nase aufzunehmen, winkt mit etwas Unglück am Ende der große Hauptgewinn: primäre Amöben-Meningoenzephalitis (PAM). Symptome: Kopfschmerzen, dann Halluzinationen, Anfälle und nach zwei schrecklichen Wochen mit 95-prozentiger Wahrscheinlichkeit der Tod.

2. Onchocerca volvulus

Eine Fadenwurmart, die sich im ganzen Körper ausbreiten kann und bei ihrem Tod intensiven Juckreiz verursacht. Die Parasiten können auch eine Immunreaktion auslösen, die ihrerseits die sogenannte Flussblindheit verursacht – weltweit die zweithäufigste Erblindungsursache. Und da sage noch jemand, es gebe einen lieben Gott.

1. Plasmodium

Eine Infektion mit diesem parasitischen Einzeller führt zu Malaria. Der kleine Killer hat Jahr für Jahr Millionen Menschenleben auf dem Gewissen.

DIE ZEHN TÖDLICHSTEN INSEKTEN

Der ewige Kreislauf, jaja, schon klar. Die wunderschöne Komplexität unseres Ökosystems. Die Art und Weise, wie jedes Puzzleteil zum Ganzen beiträgt. Blablabla. Ich will ja nicht sagen, dass Insekten nicht nützlich wären, aber selbst in guten Zeiten sind sie vor allem nervig. Und in schlechten Zeiten ... aber bilden Sie sich Ihr eigenes Urteil.

10. Dasselfliegen
Die heimsen Extrapunkte in der Kategorie »Ekligkeit« ein. Ihre Larven bohren sich in Fleisch und Darm, die Folgen sind ausgesprochen schmerzhaft. Versucht man, sie herauszudrücken, kann es passieren, dass ihr Körper platzt und die austretenden Körperflüssigkeiten einen tödlichen allergischen Schock verursachen.

9. Triatominae
Eine Raubwanzenart, die sich an unserem Blut gütlich tut und einen bunten Strauß hässlicher Krankheiten überträgt. Ganz besonders gerne verursachen sie die Chagas-Krankheit, bei der die Eingeweide langsam verrotten und schließlich das Herz zerstört wird.

8. Feuerameisen
Die heißen so, weil ihr Biss dermaßen brennt. Ein einziger Biss ist eine furchtbar schmerzhafte Angelegenheit und kann Wunden verursachen, die anschwellen und platzen. Das Problem dabei: Diese alptraumhaften Wesen sind keine Einzelgänger, sondern haben immer ihre Gang dabei, sodass sie manchmal zu

Tausenden angreifen. Weltweit sterben täglich etwa 150 Menschen durch Feuerameisen und wenn es um das Zerstören von Ernten geht, müssen sie sich nicht hinter Wanderheuschrecken verstecken.

7. Japanische Riesenhornissen

Stellen Sie sich riesige Wespen vor, die auf Droge sind und einen Scheißtag hinter sich haben und nun entsprechend gelaunt sind. Sie können wiederholt zustechen und ihr Stich enthält mehr Acetylcholin[1] als der von jedem anderen stechenden Insekt. Schlimm genug, aber außerdem enthält der Stich auch noch ein Enzym, das menschliches Gewebe zersetzen kann. Obendrauf setzt der Stich auch noch ein Enzym frei, das andere Hornissen dazu animiert, sich ebenfalls auf einen zu stürzen. Jedes Jahr töten diese Viecher Dutzende Menschen und wenn sie Sie erst einmal im Visier haben, werden Sie sich wünschen, nie geboren worden zu sein. Japanische Riesenhornissen sind außerdem bekannt dafür, dass gerade einmal eine Handvoll von dieser gehässigen Bande ausreicht, kurzen Prozess mit einem ganzen Bienenstock zu machen.

6. Killerbienen

Aber Bienen sind auch nicht nur Unschuldslämmer. Afrikanisierte Honigbienen sind brutale Biester. Sie verfolgen ihre Opfer schon mal über mehr als einen Kilometer und stechen ihnen in Augen und Gesicht – und das nicht selten in Schwärmen mit bis zu 80 000 Tieren.

....

1 Das ist das Zeug, das dafür sorgt, dass es wehtut.

5. 24-Stunden-Ameisen

Diese Ameisenart verursacht nicht nur extrem schmerzhafte Verletzungen (nach 24 Stunden fängt der Schmerz an, nachzulassen, daher der Name), ihr Stich kann zudem den Blutfluss blockieren. Und was sie noch liebenswerter macht: Sie greifen ohne Vorwarnung an und stürzen sich einfach von einem Baum auf ihr ahnungsloses Opfer.

4. Treiberameisen

Die in Zentral- und Ostafrika vorkommenden Ameisen der Art Dorylus sind Wanderameisen und ihr Zug kann bis zu 50 Millionen Tiere umfassen. Eine Kolonne legt pro Stunde bis zu 20 Meter zurück und alles, was sich ihr in den Weg stellt, wird verschlungen. Die Kieferzangen der Tiere lassen nicht einmal dann los, wenn man ihre Körper zerteilt. Es sind Fälle von Treiberameisen bekannt, die sich über einen Elefanten hergemacht haben. Am allerschlimmsten aber sind Berichte, wonach Kolonnen von Treiberameisen nachts in Häuser eingerückt sind, in denen Menschen schliefen …

3. Tsetsefliegen

Sie übertragen die Schlafkrankheit und töten Jahr für Jahr etwa 300 000 Menschen. Sie sind schuld daran, dass weite Regionen Afrikas praktisch unbewohnbar sind. Kleine Scheißer, die.

2. Wanderheuschrecken

Eine einzelne Wanderheuschrecke stellt für sich genommen keine allzu große Bedrohung dar, aber wenn unzählige Mengen in Ihre Felder einfallen, sehen die Dinge schon ganz anders aus, denn dann droht der Hungertod. Jahr für Jahr vernichten die

Wanderheuschrecken Tausende Hektar landwirtschaftlicher Fläche.

1. Anopheles

Der Stich eines Moskitos beziehungsweise einer Malaria- oder Fiebermücke ist für sich genommen eher lästig als schmerzhaft, aber die Quälgeister belassen es nun einmal nicht dabei. Sie übertragen Sporentierchen der Art Plasmodium und verursachen dadurch Krankheiten wie Malaria. Anopheles bringen jährlich mehr Menschen um als alle anderen Insekten zusammen. Von mir aus können sich die Arschgeigen dahin verziehen, wo der Pfeffer wächst.

DIE ZEHN TÖDLICHSTEN SKORPIONE

Allein in Mexiko werden jedes Jahr etwa eine halbe Million Menschen von Skorpionen gestochen – und 150 000 benötigen ein Gegengift. Sterben tun allerdings die wenigsten Menschen nach einem solchen Stich. Hinzukommt, dass Skorpione oftmals in der Wüste leben und viele Arten kaum in Kontakt mit dem Menschen kommen. Unser Wissen, was diese kleinen Ritter angeht, weist beträchtliche Lücken auf, insofern kann es durchaus sein, dass irgendwo da draußen noch ein Skorpion-Oberbösewicht herumläuft, den wir schlicht noch nicht entdeckt haben. Deshalb ist die Liste auch alles andere als endgültig. Und weil die Taxonomie in Sachen Skorpione eine ausgesprochen verwirrende Angelegenheit ist, war es leider unmöglich, zehn eigene Einträge zusammenzustellen. Der zwanghaft ordnungsbedürftige Teil in mir würde diese Liste gerne ganz rauswerfen, aber ein anderer Teil sagt: »Hey, Skorpione! Alter, die sind Hardcore! Die müssen bleiben!«

10.–4. Verschiedene Androctonus-Arten

Androctonus[1] produziert das wirksamste aller Skorpiongifte, zu den Symptomen zählen Anfälle, Ohnmacht und Bluthochdruck. Androctonus heißt auch Dickschwanzskorpion[2] und gilt als ausgesprochen aggressiv. Die gute Nachricht an der Geschichte: Das Gegengift ist weit verbreitet, außerdem dauert es mehrere Stun-

....

1 Sie heißen so, weil sie Männer töten. »Andros« ist Griechischen für »Mann«, »ctonus« kommt von »kteinein«, was »töten« bedeutet. Gar nicht so einfach, oder?

2 Sie heißen so, weil sie einen dicken Schwanz haben. Es muss nicht immer alles kompliziert sein.

den, bis das Gift beginnt, tatsächlichen Schaden anzurichten. Die schlechte Nachricht: Dieser Bösewicht kommt in ungefähr 20 unterschiedlichen Varianten daher und mit den meisten hat man herzlich wenig Spaß. Deshalb habe ich ihnen auch so viel Platz auf dieser Liste eingeräumt.[3]

3. Giftskorpion

Heißt auch gelber brasilianischer Skorpion, weil er gelb ist und in Brasilien vorkommt, wo er jedes Jahr Tausende Menschen sticht. Der Stich ist ausgesprochen schmerzhaft, verursacht oftmals Übelkeit und lässt den Herzschlag beunruhigend in die Höhe schießen. Manchmal löst der Stich auch eine Hyperästhesie aus, was bedeutet, dass die Haut der Opfer extremst sensibel wird und jede Berührung stark schmerzt. Bei älteren und ganz jungen Menschen kann der Stich auch zu Atemversagen führen.

2. Gelber Mittelmeerskorpion

Dieser Skorpion wird nur etwa sechs Zentimeter lang, aber der Giftcocktail, den er mit seinem Stachel verabreicht, greift direkt das Herz und das zentrale Nervensystem an. Ein gesunder Erwachsener stirbt normalerweise nicht an einem Stich, sofern er nicht allergisch reagiert. Kinder dagegen können durchaus sterben, außerdem: Selbst wenn man nicht stirbt, ist die Wahrscheinlichkeit groß, eine Entzündung der Bauchspeicheldrüse davonzutragen. Aber dieser Skorpion hat auch sein Gutes: Das Gift wurde in der Krebsforschung eingesetzt und könnte möglicher-

....

3 Genaugenommen hätte ich 20 unterschiedliche Einträge haben müssen, die alle als »4.« gekennzeichnet sind. Vielleicht hätte ich versuchen können, die minimalen Unterschiede zwischen den verschiedenen Dickschwänzen zu erklären. Vielleicht, vielleicht. Vielleicht habe ich aber auch Besseres zu tun.

weise zur Behandlung von Diabetes dienen. Es hat halt alles seine Vor- und Nachteile.

1. *Hottentotta tamulus*

Der Biss des indischen roten Skorpions tötet klinischen Studien zufolge zwischen 8 und 40 Prozent seiner menschlichen Opfer. Damit zählen diese kleinen Mistviecher zu den gefährlichsten Wesen auf diesem Planeten. Symptome eines Stichs sind Erbrechen, Priapismus[1], Schwindel, Herzrasen, Schock, Entzündung des Herzmuskels und Atemversagen. Diese Art kommt in Indien vor, aber auch in Pakistan, Nepal und Sri Lanka. In all diesen Ländern gilt die alte Tropenregel: Schuhe vor dem Anziehen ausschütteln!

....

1 Eine dauerhafte Erektion, aber das ist weniger lustig, als es sich anhört.

DIE ZEHN
TÖDLICHSTEN SPINNEN

Spinnen mögen angsteinflößend aussehen, sind aber nicht so gefährlich, wie es oft vermutet wird. Nur wenige sondern Gift ab, wenn sie sich durch einen Biss gegen Menschen verteidigen. Und selbst bei den Spinnen, die mit Gift arbeiten, ist der Biss nur selten tödlich. Statistisch gesehen wird man eher vom Blitz getroffen als von einer Spinne gebissen. Und es ist 75 000-mal wahrscheinlicher, von einem Menschen umgebracht zu werden. (Das ist irgendwie auch nicht beruhigend, oder?)

10. Tarantel

Ich kann mich noch sehr gut daran erinnern, dass man mir auf dem Pausenhof in der Schule erklärt hat, Taranteln seien die giftigsten Wesen auf diesem Planeten. Wie sich herausgestellt hat, ist nicht alles wahr, was einem auf dem Pausenhof erzählt wird.[2] Wenn man sie stark reizt, können südamerikanische Taranteln schmerzhaft zubeißen, aber ihr Gift ist nur sehr schwach. Einige asiatische Arten wie Tigerspinnen sind aggressiver und schon manches von ihnen gebissene Opfer musste ins Krankenhaus. Aber sie sind nicht als tödlich bekannt.

9. Rotrückenspinne

Ein enger Verwandter der Schwarzen Witwe (zu der wir gleich kommen). Ihr Biss ist schmerzhaft, kann zu einer Muskelschwä-

....

2 Während wir gerade beim Thema »Legenden des Pausenhofs« sind: Weberknechte sind nicht giftig! Und nein, man kann vom Schwimmen in einem Pool nicht schwanger werden. Dann wäre das jetzt wohl auch geklärt, oder?

che führen und Erbrechen auslösen. Im April 2016 hatte ein australischer Bauarbeiter eine ausgesprochen unglückliche Begegnung mit einer Rotrückenspinne. Er saß gerade auf dem Dixi-Klo und war am Pinkeln, als ihn die Spinne an einer ausgesprochen unglücklichen Stelle erwischte. Der arme Kerl (die Medien nannten ihn bloß »Jordan«) verbrachte einige überaus schmerzhafte und schreckensreiche Stunden im Krankenhaus, bevor man ihn wieder entließ. Fünf Monate später saß er wieder auf einem Dixi-Klo und wieder erwischte es sein bestes Stück. »Momentan hat wohl kein Mensch im Land dermaßen viel Pech wie ich«, sagte er reuevoll der *BBC*.

8. Braune Witwe

Das Gift der Braunen Witwe ist tatsächlich noch wirksamer als das der schwarzen Verwandtschaft, aber glücklicherweise injizieren sie bei ihrem Biss nicht so viel davon. Aber verdammt weh tut es trotzdem. Wer schon einmal in das zweifelhafte Vergnügen gekommen ist, von einer Braunen Witwe gebissen worden zu sein, verglich es mit einem Schlag mit dem Vorschlaghammer.

7. Mausspinne

Über diese fette, pelzige Spinne heißt es, sie sei wie eine Maus … halt nur eine Maus mit acht Beinen und Giftzähnen. Ein Rendezvous mit diesen Beißerchen sorgt für Muskelkrämpfe, Übelkeit und jede Menge Autsch.

6. Chilenische Winkelspinne und Braune Einsiedlerspinne

Ein Biss von diesen Spinnen kann zu Nierenversagen führen und gelegentlich werden die Wunden brandig. Glücklicherweise halten sich diese Spinnen im Normalfall so weit weg vom Menschen, wie sie nur können.

5. Sechsäugige Sandspinne

Es gibt kein bekanntes Gegengift und der Biss der sechsäugigen Sandspinne lässt Zellen absterben. Ihr Gift kann Gewebe und Organe zerstören, führt zu Blutgerinnseln, Läsionen, und Blutungen aus Haut oder Körperöffnungen. Letztlich führt der Biss zum Tod. Soweit die schlechten Nachrichten. Die gute: Bislang sind keine Fälle bekannt, in denen ein Mensch nachweislich von dieser Spinne gebissen und getötet wurde.

4. Schwarze Witwe

Sie hat den coolsten Namen aller Spinnen, aber nicht nur das – Schwarze Witwen sehen auch noch gut aus. Sie sind schlank und glänzen schwarz und dann sind da die knallroten Markierungen auf dem Rücken. Diese sehen entweder aus wie zwei Dreiecke, die sich an den Spitzen treffen, oder sie ähneln auf unheimliche Weise einer Sanduhr … Und ja, man fühlt wirklich die Uhr ablaufen, wenn man von einer Schwarzen Witwe gebissen wird. Ihr Biss löst Latrodektismus aus, was leider nichts anderes bedeutet als spastische Zuckungen und Lähmung. Das Ganze ist sehr beunruhigend, aber mittlerweile gibt es Gegengifte und nur ganz wenige Menschen sterben am Biss der Schwarzen Witwe. (Ganz anders ergeht es da den armen Männchen der Art, denn die werden sofort nach der Paarung aufgefuttert.)

3. Brasilianische Wanderspinne

Diese Art steht manchmal auf der Tödlichkeits-Liste auch ganz oben, weil ihr Gift so stark ist. Allerdings setzt sie dieses Gift bei ihrem Biss nur selten ein. Nur etwa ein Prozent der Begegnungen mit brasilianischen Wanderspinnen (die auch Bananenspinnen heißen) werden zu einer ernsten Angelegenheit – und auch dann sind üblicherweise »nur« Kinder in echter Lebensgefahr.

2. Nordbaum-Trichternetzspinne

Diese Spinne (die auch Nord-Funnelweb-Spinne heißt) hängt nicht in den Gärten von Sydney herum, sondern in Bäumen im Norden Australiens. Ansonsten gilt für sie dasselbe wie für die die Sydney-Trichternetzspinne. Wer diese Sydney-Trichternetzspinne ist, wollen Sie wissen? Voila:

1. Sydney-Trichternetzspinne

Es ist schwierig, genau zu bestimmen, wie viel Gefahr von welchen Spinnenarten ausgeht. Guinness World Records jedenfalls führt die Sydney-Trichternetzspinne als gefährlichste Spinnenart der Welt und ich für meinen Teil werde das nicht in Frage stellen. Es braucht kein Genie, um zu erraten, warum diese Spinne so heißt: Sie lebt in Sydney, größtenteils in einem Radius von 70 Kilometern um das Stadtzentrum herum und gerne in den Gärten der Einwohner. Und ja, ihr Netz ist trichterförmig (normalerweise baut sie ihre Netze in Löchern oder Spalten). Ihr Gift mag nicht das stärkste aller Spinnengifte sein, aber die Trichternetzspinne beißt ihr Opfer häufig mehrere Male und das Gift wirkt sehr rasch. Dr. Robert Raven vom Queensland Museum sagte dem *Guardian*: »Was die Geschwindigkeit des Sterbens angeht, sagen wir in Australien gerne: ›Trichternetz? Keine Panik, dir bleiben noch 15 Minuten.‹«

DIE ZEHN GIFTIGSTEN SCHLANGEN

Die Giftstärke bemisst sich daran, wie viele Mäuse mit einer einzigen Dosis Gift der betreffenden Schlange getötet werden können.[1] Das Gift einiger Arten wie beispielsweise der Belcher-Seeschlange (auch »schwach-gebänderte Seeschlange« genannt) ist stärker als das der hier vertretenen Arten, aber die Tiere sondern bei einem Biss nicht ausreichende Mengen ab, um allzu großen Schaden anzurichten. Außerdem sei darauf hingewiesen, dass einige der Schlangen auf dieser Liste – der Taipan, beispielsweise – nicht sonderlich aggressiv sind. Insofern könnte man argumentieren, dass einige Mamba-Arten gefährlicher sind. Letztlich sind es jedoch diese Schlangen, die einen, gerät man mit ihnen aneinander, am wahrscheinlichsten umbringen werden.

Und wenn wir gerade schon beim großen Vergleichen sind: Was den Wettkampf »Schlangen gegen Skorpione gegen Spinnen gegen Insekten« angeht, gewinnen die Schlangen. Sie richten weltweit deutlich mehr Schaden an, beißen jedes Jahr Millionen Menschen und töten Tausende. Allein in Indien sterben jährlich nahezu 50 000 Menschen an Schlangenbissen.

10. Terciopelo-Lanzenotter: 163 113 Mäuse

9. Gabunviper: 166 667 Mäuse

8. Schwarzweiße Hutschlange: 170 062 Mäuse

....

[1] Die Zahlen habe ich am 4. Mai 2018 von der Webseite snakedatabase.org abgerufen. Meine Vermutung: Sie verwenden Mäuse, weil es ihnen aus mir nicht näher bekannten Gründen an menschlichen Freiwilligen mangelte.

7. Indischer Krait: 187 500 Mäuse

6. Monokelkobra: 250 676 Mäuse

5. Mosambik-Speikobra: 395 181 Mäuse

4. Inlandtaipan: 482 222 Mäuse

3. Brillenschlange: 554 545 Mäuse

2. Gewöhnliche Tigerotter: 636 000 Mäuse

1. Küstentaipan (oder: Östlicher Taipan): 4 900 000 Mäuse

DIE ZEHN TÖDLICHSTEN JÄGER

Mutter Natur drückt uns an ihren üppigen, wohlriechenden, lebensspendenden Busen. Sie kann uns aber auch mächtig in den Hintern treten.

10. Wolf

Wölfe sind großartige Tiere. Geht ein Rudel gemeinsam auf die Jagd, kann es Tiere reißen, die viel größer sind als ein einzelner Wolf. Sie sind klug und arbeiten nach einem ausgeklügelten »Schichtsystem«, um dafür zu sorgen, dass sie frischer bleiben als das arme Biest, das sie gerade hetzen. Wölfe verfügen über mehr als 200 Millionen Riechzellen (beim Menschen sind es keine 5 Millionen), was es ihnen erlaubt, Beute auf über 1,5 Kilometer Entfernung zu riechen. Sie hören Geräusche, die bis zu zehn Kilometer entfernt sind. Oh – und ein Wolf kann bei einer einzigen Mahlzeit fast zehn Kilogramm Fleisch verschlingen, was etwa 100 Burgern entspricht.

9. Wanderameisen

Eine Kolonie Wanderameisen kann an einem einzigen Tag 30 000 Insekten und anderes Kleingetier kaltmachen. Zugegeben, eine Kolonie besteht auch aus bis zu einer halben Million Ameisen, aber trotzdem: Ich würde mich lieber aus dem Staub machen als anfangen, nachzuzählen, wie viele es tatsächlich sind.

8. Schweinswal

Sie mögen aussehen wie eine niedliche Mini-Version von Flipper, aber die Fische, die von Schweinswalen gejagt werden, dürfte das herzlich wenig interessieren. Mit einem ausgeklügelten System von Echolot-Rufen (wie das Sonar bei den Delfinen) treiben Schweinswale bis zu 90 Prozent ihrer Beute zusammen. Damit gehören sie zu den effektivsten Jägern auf diesem Planeten. So kommen sie auf beeindruckende 550 Fische pro Stunde – oder 3000 an einem einzigen Tag!

7. Libelle

Wissenschaftler der Uni Harvard[1] stellten 2012 in einer Studie fest, dass Libellen noch bessere Jäger sind als Schweinswale. Sie fangen und töten bis zu 95 Prozent der Tiere, die sie jagen. Was für ein Glück, dass sie so klein sind!

6. Gepard

Ein Gepard ist nicht so erfolgreich bei der Jagd wie eine Libelle, er fängt nur etwa die Hälfte der Zeit Beute. Aber Geparden werden bis zu 100 Kilometer pro Stunde schnell und verfügen über kräftige Zähne und Klauen. Mit Weglaufen ist da nichts.

5. Blauwal

Okay, okay, Blauwale nehmen es nicht gerade mit Beute auf, die durch ihre Größe beeindruckt. Aber wenn Sie ein Krill sind, kann Ihnen so ein Blauwal rasch den ganzen Tag versauen. Und nicht nur Ihnen: Bis zu 40 Millionen von diesen kleinen Krebslein vernascht so ein Blauwal pro Tag.

....

1 Die Studie können Sie hier abrufen: http://jeb.biologists.org/content/215/6/903. Libellen sind wahnsinnig beeindruckende Tiere. Die Muskeln in ihren Flügeln ermöglichen ihnen eine unglaubliche Beschleunigung und machen sie extrem manövrierfähig. Auch ihre Augen sind extrem komplexe Angelegenheiten und bestens dafür ausgelegt, Bewegungen vor dem Himmel als Hintergrund auszumachen.

4. Tiger

Tiger beeindrucken durch ihre Größe, ihre Schönheit, ihre Geschwindigkeit und ihre gewaltigen Kiefer. Aber nicht nur das:
Wenn Sie sich fragen, wie furchteinflößend Tiger sind, achten Sie
mal darauf, was geschieht, wenn so eine Miezekatze in der Nachbarschaft auftaucht: Stille, absolutes Schweigen. Kein Vogel piept,
kein Schwein grunzt, selbst Bären versuchen, sich unsichtbar zu
machen. Niemand will sich mit einem Tiger anlegen. An Land
sind sie der Boss, keine Frage.

3. Salzwasserkrokodil

Der Kiefer eines Salzwasserkrokodils kann 10 800 Kilogramm
Druck pro Quadratzentimeter erzeugen. Da kann jedes andere
Tier, das wir kennen, einpacken. Das heißt: Erst zerquetscht Ihnen so ein Krokodil den Schädel wie eine reife Tomate, dann
drückt es Sie noch unter Wasser und ertränkt Sie, um Ihnen so
richtig den Rest zu geben.

2. Weißer Hai

Ein Weißer Hai wird bis zu sechs Meter lang und wiegt fast zwei
Tonnen. Er besitzt 300 dreieckige Zähne und beginnt oftmals
schon auf einen Kilometer Entfernung mit der Jagd. Die zu diesem Zeitpunkt meist noch ahnungslose Beute entdeckt der Hai
dank der elektromagnetischen Signale, die entstehen, wenn sich
die Beute bewegt (oder wenn einfach nur ihr Herz schlägt). »To-
ter Mann« zu spielen, hilft hier also nicht weiter. Davon zu
schwimmen, dürfte auch schwierig werden, denn ein Weißer Hai
erreicht Geschwindigkeiten von 40 Kilometer
pro Stunde.

1. Killerwale

Orcas können über sechs Tonnen wiegen und fressen Weiße Haie; q.e.d.[1]

1 Außerdem töten sie Delphine, indem sie sie aus dem Wasser schleudern und ihnen das Rückgrat brechen. Böser Killerwal, pfui!

DIE TÖDLICHSTEN PFLANZEN

Orcas mögen ja gerne den großen Macker geben, aber einige der effektivsten Killer, die die Natur zu bieten hat, wiegen weniger als eine Feder und müssen sich noch nicht einmal rühren, um einen zu töten.

10. Oleander

Oleander[2] ist eine purpurfarbene Pflanze, die im ganzen Süden der USA als Zierbusch wächst. Der Spaß hört aber auf, sobald Oleander in den Körper gelangt, denn er enthält reichlich giftige Herzglykoside mit beunruhigenden Namen wie Oleandrin, Folinerin und Digitoxigenin. Diese chemischen Verbindungen lassen das Herz rasen und können plötzlichen Herztod auslösen. Außerdem schlagen sie enorm auf den Magen und sorgen für unkontrollierten Brechdurchfall.

9. Runzeliger Wasserdost

Diese Pflanze enthält Tremetol, eine Art Alkohol, die Zittern, Erbrechen, Delirium und Tod verursachen kann. Kühe fressen gerne Wasserdost, was alles andere als lustig ist, denn wenn man das Fleisch dieser Tiere isst oder ihre Milch trinkt, kann das schwere Erkrankungen nach sich ziehen. Der Legende nach war es diese sogenannte Milchkrankheit, an der die Mutter von Abraham Lincoln gestorben ist.

....

2 Internetgerüchten zufolge lautet der italienische Name dieser Pflanze übersetzt »In-den-Arsch-Treter«. Stimmt leider nicht. Auf Italienisch heißt Oleander einfach nur *oleandro*, was keine zusätzliche Bedeutung hat. Aber wie wir gelernt haben, ist der Gedanke an sich gar nicht so verkehrt.

8. Manchinel

Ein ausgesprochen unfreundlicher Baum, der auch als Manzanillobaum oder Strandapfel bekannt ist. Es reicht, ihn einmal zu streifen, schon hat man sich eine allergische Hautreaktion mit Blasenbildung eingefangen. Wer sich davon nicht abschrecken lässt und die Frucht isst, nimmt dabei eine ordentliche Portion Physostigmin zu sich. Eine Überdosis von diesem Zeug führt zu Erbrechen, Übelkeit, Magenschmerzen, Verdauungsstörungen, Durchfall und Krämpfen.

7. Zerberusbaum

Dieser indische Baum heißt auch Selbstmordbaum und dreimal dürfen Sie raten, warum. Er enthält Cerberin, ein starkes Gift, das aufs Herz schlägt und in ausreichenden Mengen genommen tödlich ist. Ein Labor für analytische Toxikologie im französischen La Voulte-sur-Rhône hat in einer Untersuchung allein im südwestindischen Bundesstaat Kerala über 500 Fälle von Vergiftung durch den Zerberusbaum für den Zeitraum 1989 bis 1999 gezählt. Die Dunkelzimmer könne doppelt so hoch sein, so das Institut.

6. Schwarze Tollkirsche

Dieses Gemüse des Todes ist ein enger Verwandter von Kartoffel und Tomate und ist bis obenhin vollgepumpt mit dem giftigen Solanin, dazu kommen anständige Mengen von Atropin, Skopolamin und Hyoscyamin. Die Beeren führen zu Halluzinationen, Sehstörungen und einem schmerzhaft trockenen Mund. Manche Menschen werden nach dem Verzehr aggressiv. Der Herzschlag wird so laut, dass man ihn noch auf einige Entfernung hören kann. Dann fällt man ins Koma. Möglicherweise stirbt man.

Atropa belladonna ist der wissenschaftliche Name der Schwarzen Tollkirsche – Atropos war in der Antike der Name der griechischen Göttin, die die Lebensfäden durchtrennt. »Bella donna« wiederum bedeutet »schöne Frau«, denn im 17. Jahrhundert war es bei den feinen Damen angesagt, sich Tollkirschenextrakt in die Augen zu träufeln, weil es die Pupillen weitete. Bitte nicht zuhause nachmachen!

5. Maiglöckchen

Mit ihren glockenförmigen weißen Blüten kommt das Maiglöckchen zauberhaft und unschuldig daher, aber hinter dieser Fassade lauert ein echter Killer. Maiglöckchen enthalten nicht weniger als 38 chemische Verbindungen, die Ihr Herz auf Achterbahnfahrt schicken können. Außerdem verursachen sie Magenschmerzen, Benommenheit, Ausschläge, Erbrechen und – für die Extraportion Spaß – übermäßigen Harndrang.

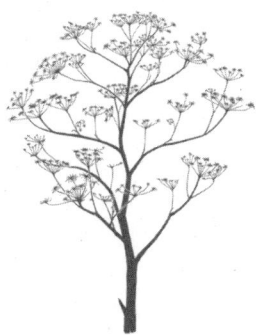

4. Schierling

Mit Schierling wurde 399 v. Chr. Sokrates getötet. Platon schrieb, sein philosophischer Ziehvater sei friedlich entschlafen, tatsächlich jedoch sorgt das Hauptgift dieser Pflanze, Coniin, für ein

25

sehr schmerzhaftes Ende. Es führt zu einer aufsteigenden Lähmung der Muskeln, die in den Beinen einsetzt und sich von dort aus aufwärts zur Lunge hochkämpft, sodass man schließlich langsam und schmerzhaft erstickt.[1]

3. Eisenhut

Heißt auch Sturmhut (wegen seiner kapuzenähnlichen Form) oder Wolfswurz (Schäfer tauchten bei der Wolfsjagd ihre Pfeilspitzen in den Saft der Pflanze). Eine wunderschöne Pflanze, die in vielen gebirgigen Regionen Europas und Asiens wächst. Aber Vorsicht: Schon eine einfache Berührung kann Übelkeit und Magenkrämpfe auslösen. Der Verzehr sorgt für ein Brennen im Mund, Erbrechen, Durchfall und Sabbern. Und dann geht die Party erst richtig los, die Opfer verspüren ein Kribbeln, Taubheitsgefühle, Herzrasen und schließlich gar nichts mehr – die Atmung setzt aus und man stirbt.

2. Wunderbaum

Wunderbäume finden sich in Gärten rund um die Welt – und sein Öl, besser bekannt als Rizinusöl, war einst als Abführmittel ausgesprochen beliebt. Aber die (auch Castorbohnen genannten) Samen enthalten eine Chemikalie namens Ricin. Ricin ist dermaßen giftig, dass die Leute von Guinness World Records den Wunderbaum als giftigste Pflanze der Welt aufführen. Vier bis acht Samenkörner reichen aus, um jemanden zu töten. Vorher

....

1 Die alten Griechen wussten sehr gut, wie ein Tod durch Schierling abläuft, da konnte Platon schreiben, was er wollte. Nikandros aus Kolophon schrieb 204 v. Chr., Schierling lasse die Augen seiner Opfer rollen und bringe gestandene Männer dazu, auf Händen und Füßen zu kriechen. »Dann blockiert ein furchtbares Würgen die untere Kehle und … Luftröhre. Die Extremitäten werden kalt … das Opfer holt Luft wie ein Ohnmächtiger, dann erblickt sein Geist Hades.«

aber stehen einem noch drei bis fünf Tage voller Magenkrämpfe, blutigem Ausfluss und Brennen in Mund und Rachen bevor.

1. Tabak

Jeder Teil der Pflanze ist toxisch und im Gegensatz zu den anderen Namen auf dieser Liste tötet Tabak Jahr für Jahr Millionen Menschen. Also Finger weg von Tabakprodukten!

DIE ZEHN GEFÄHRLICHSTEN PILZE

Ich habe da eine Empfehlung für Sie: Sollte Ihnen jemand eine köstliche Mahlzeit mit selbstgesammelten Pilzen anbieten, nehmen Sie die Beine in die Hand. Bestellen Sie lieber eine Pizza!

10. Rinnigbereifter Trichterling

Heißt auch »Narrentrichter« und nein, das hat nichts mit Donald Trump zu tun. Dieser Pilz verursacht eine Muskarinvergiftung. Symptome: übermäßiger Speichelfluss, Schwitzen, Übelkeit und Atemprobleme. Bei gesunden Erwachsenen verläuft die Vergiftung nur selten tödlich, aber für reichlich Schmerzen ist in jedem Fall gesorgt.

9. Ohrförmiger Seitling

Auch bekannt als Engelsflügel, weil er – wer hätte es gedacht – aussieht wie ein Engelsflügel. Sein Verzehr kann dazu führen, dass man kurz darauf nicht nur Engelsflügel, sondern gleich ganze Engelsscharen sieht. Seine Wirkungsweise ist noch nicht gründlich erforscht, aber der Pilz verursacht Probleme im Gehirn und der Leber. 2004 starben innerhalb von sechs Wochen 17 Menschen in Japan nach dem Verzehr von Engelsflügeln, dennoch kategorisieren ihn einige Menschen weiterhin als Lebensmittel. Mir erscheint das unklug.

8. Fleischbräunlicher Schirmling

Ein kleiner Pilz, aber bis obenhin voll mit Amatoxin, einem tödlichen Gift, das die Leber angreift.

7. *Podostroma cornu-damae*

Ein knallroter Schlauchpilz, der wie die Hände Untoter aus dem Boden steigt. Er enthält Trichothecene, ein »lustiges« Pilzgift, das Haarverlust verursacht, die Haut schält, die Leber außer Gefecht setzt und noch ein paar andere unschöne Folgen im Repertoire hat. In Japan und Südkorea hat der Pilz einige Menschen auf dem Gewissen.

6. Samthäubchen

Sieht aus wie Magic Mushrooms. Diese Ähnlichkeit hat dazu geführt, dass an diesem Pilz fast so viele Hippies gestorben sind wie an Präsident Nixon. Wie so viele andere Arten auf dieser Liste enthält auch das Samthäubchen Amatoxin.

5. Spitzgebuckelter Raukopf

Dieser Zeitgenosse wiederum enthält Orellanin, ein Pilzgift, das Halluzinationen verursacht und Nierenversagen. Die kleinen Scheißer sehen zu allem Überfluss einer Reihe essbarer Pilzarten sehr ähnlich und haben schon viele Menschen dazu gebracht, einen folgenschweren Fehler zu begehen. Einer von ihnen ist Nicholas Evans, der Autor von *Der Pferdeflüsterer*. Er, seine Frau und zwei Gäste aßen 2008 versehentlich ein paar Rauköpfe. Sie überlebten, erlitten aber ein Nierenversagen, und hatten damit deutlich mehr Glück als die 135 Polen, die 1957 ungewollt Orellanin zu sich nahmen. 19 Menschen starben, viele andere hatten den Rest ihres Lebens starke gesundheitliche Probleme.

4. Gift-Häubling

Wie so viele andere gefährliche Pilze ähnelt auch der Gift-Häubling sehr stark einem essbaren Pilz (in diesem Fall dem Hallimasch). Auch er enthält Amatoxin. Der Gift-Häubling ist töd-lich.

3. Giftlorchel

Werden leider gerne mit essbaren Morcheln verwechselt, wes-halb vor allem in Skandinavien und Osteuropa Pilzsucher diese wie ein Gehirn aussehenden Fieslinge mitnehmen. Das Problem: Wenn sie nicht ordentlich gekocht werden, scheiden diese Pilze ein Toxin aus, das sich innerhalb des menschlichen Körpers in Monomethylhydrazin verwandelt … nicht nur ein schwieriges Wort, sondern eine schwierige Situation, denn diese chemische Verbindung attackiert das zentrale Nervensystem und kann die Nieren abtöten.

2. Todesengel

Ein Pilz, der keine leeren Versprechungen macht. Er ist proppen-voll mit Amatoxin und versteht keinen Spaß.

1. Knollenblätterpilz

Knollenblätterpilze sind leicht mit diversen Speisepilzen zu ver-wechseln und angeblich schmecken sie auch lecker. Leider ent-halten sie jedoch dermaßen viel Amatoxin, dass man kurz nach dem Verzehr von einem brutalen Brechdurchfall befallen wird. Danach fühlen sich die Patienten wieder besser, aber das ist unglücklicherweise ein Trug-schluss – die Pilzgifte arbeiten nämlich still und heimlich weiter daran, die Leber platt-zumachen. Nach wenigen Tagen tritt der Tod ein.

DIE ZEHN DÜMMSTEN TIERE

Die natürliche Auslese hat schon einige wundersame Dinge hervorgebracht, allerdings gibt es auch Arten, die von Rechts wegen gar nicht hätten so lang überleben dürfen. Charles Darwin hat auf seiner Fahrt mit der *Beagle* jede Menge fantastische Kreaturen studieren dürfen. Hätte er ausschließlich die nachfolgende Auswahl zur Verfügung gehabt, würden wir vermutlich noch bis heute glauben, dass die Erde in nur sieben Tagen geschaffen wurde …

10. Spechte

Nestbau und Partnersuche werden betrieben, indem man mit dem Schädel gegen einen Baum hämmert, das sagt doch schon alles. Ich für meinen Teil jedenfalls hätte beim nächsten Ratequiz nicht gerne einen Specht in meinem Team.

9. Bananenschnecken

Bananenschnecken sind Hermaphroditen. Anfangs besitzen sie alle Penisse, die aus Genitalporen an ihrem Kopf herauswachsen. Bei der Paarung drängen sie sich aneinander und penetrieren einander gegenseitig und gleichzeitig. So weit so gut, es heißt ja nicht umsonst »Jedem Tierchen sein Pläsierchen«. Jetzt aber wird es echt schräg, denn Bananenschnecken praktizieren Apophallie, soll heißen, die eine Schnecke beißt der anderen den Penis ab. Auf gewisse Weise ist das sogar nachvollziehbar, denn auf diese Weise soll die Konkurrenz für die eigenen Spermien reduziert werden. Doch die Schnecke, die ihr bestes Stück abgeben musste, lässt das oftmals nicht einfach so auf sich sitzen und knabbert nun ihrerseits dem Bis-eben-noch-Partner den

Lümmel weg. Was bin ich froh, dass ich keine Bananenschnecke bin!

8. Aga-Kröten

Und trotz alledem ist das Paarungsverhalten der Bananenschnecken noch deutlich klüger als das der männlichen Aga-Kröte. Diese hässlichen Brecher bespringen alles und jedes, ohne Rücksicht auf Verluste und schon auch mal stundenlang, ohne dabei in irgendeiner Form Fortschritte zu erzielen. Es wurden schon Männchen beobachtet, die sich mit großem Aufwand an einem Weibchen abgearbeitet haben, das von einem Auto überfahren wurde …

7. Truthähne

Hühner sind tatsächlich schlauer, als man glauben möchte. Sie können sogar zählen. Das wahre »dumme Huhn« ist in diesem Fall eher der Truthahn. Das Gerücht, dass sie im Regen ertrinken, weil sie mit offenem Schnabel in den Himmel starren, trifft nicht zu[1], aber als gefiederte Eierköpfe werden sie dennoch so schnell nicht bekannt werden. Wir reden hier schließlich über ein Tier, für das »Trut-trut« den Höhepunkt anspruchsvoller Konversation darstellt. Truthähne leiden zudem an Anfällen, in deren Verlauf sie eine halbe Minute oder länger ohne zu blinzeln in den Himmel starren. Das Thema »Seltsame Paarungsgewohnheiten« hatten wir ja bereits angeschnitten, also möchte ich Ihnen nicht vorenthalten, dass die Männchen sich mit allem paaren wollen, das einen Truthahnkopf trägt. Auch wenn es nur das

....

1 Wenn wir schon dabei sind, mit Ammenmärchen aufzuräumen: Nein, Strauße stecken nicht den Kopf in den Sand, um sich vor Jägern zu verstecken. Tatsächlich picken sie dort nach Steinen und Kies, der ihnen bei der Verdauung hilft.

Tonmodell einer Pute ist. Schlimmer noch: Der abgehackte Kopf eines toten Vogels.

6. Schwämme

Sehen oft aus wie ein Gehirn, haben aber gar keines.[2] Wer denkt sich denn so etwas aus?

5. Koalabären

Für ein Säugetier ist das Gehirn außergewöhnlich klein, aber damit nicht genug: Sie leben ausschließlich auf Eukalyptusbäumen und deren Blätter sind dermaßen schwer zu verdauen, dass sie nicht nur einen oder zwei, sondern gleich vier Mägen entwickeln mussten, um mit dieser anspruchsvollen Kost fertig zu werden.

4. Dodos

Der Mensch hat den Dodo ausgerottet und damit wieder einmal eindrücklich unter Beweis gestellt, wie gut er leider Gottes darin ist, in der Natur für Unheil zu sorgen. In neueren zoologischen Studien wurde der Versuch unternommen, nachzuweisen, dass das Gehirn des Dodos leistungsfähiger war als gemeinhin angenommen, aber das ändert nichts an den Fakten: Die Vögel waren groß, feist, langsam und konnten nicht fliegen. Dass die hungrigen Seemänner, die sie auf Mauritius entdeckten, sie als Fleischlieferanten ausmachten, überrascht insofern nicht – schon gar nicht, wenn man

....

2 Schwämme haben weder Gewebe noch Organe, aber sie sind Mehrzeller, haben keine Zellwände, wie sie Pflanzen haben, und sie produzieren Sperma. Aus diesem Grund werden sie als Tiere kategorisiert.

bedenkt, dass die Tiere keinerlei Angst vor Menschen an den Tag legten.

3. Kakapos

Dieser flugunfähige Vogel aus Neuseeland ist eine Art Neuzeit-Dodo. Er läuft im Dschungel auf dem Boden umher und muss miterleben, wie der Mensch seine einstmals friedliche Existenz komplett ruiniert hat. Vor dem Auftauchen des Menschen hatte der Kakapo keinerlei natürliche Feinde. Da sie es überhaupt nicht gewohnt sind, angegriffen zu werden, erstarren sie entweder oder sie klettern auf einen Baum. Variante zwei erscheint auf den ersten Blick etwas vernünftiger, aber auch nur auf den ersten Blick. Denn wenn sie weit genug nach oben geklettert sind, springen die Kakapos vom Baum – offensichtlich nicht daran denkend, dass sie ja gar nicht fliegen können. Ergebnis: Sie liegen ihrem Angreifer mit gebrochenen Knochen vor den Füßen. Raffiniert.

2. Riesenpandas

Riesenpandas sehen süß aus, aber sie sind letztlich nur ein gewaltiger kuschliger Fehler der Evolution. Sie fressen nur Bambus – und zwar den lieben langen Tag lang, weil das Zeug so wenig Nährstoffe enthält. Da bleibt keine Zeit für anderes. Besonders mies sind sie, wenn es um das Thema Fortpflanzung geht. Kriegen sie doch einmal eine erfolgreiche Paarung hin, ist den Weibchen oftmals gar nicht klar, dass sie schwanger sind. Kommen die kleinen Bären zur Welt, drehen die Weibchen durch und töten sie. Oder die Mütter drehen sich im Schlaf um und ersticken die Kleinen. Vielleicht wollen Pandabären ja freiwillig aussterben?

1. Menschen

Jaja, Raumfahrt, Proust, Shakespeare, diese speziellen Korken-zieher, die einem beim Öffnen der Weinflasche die ganze Arbeit abnehmen. Alles schön und gut, aber gegen all diese Erfolge der Menschheit muss man auch Katie Hopkins, Piers Morgan und diesen einen Typen aus Ihrer Klasse setzen, der sich stundenlang über Armfürze amüsieren konnte.

KAPITEL 2

KOMMUNIKATION NIX EINFACH

»Stock und Stein brechen mein Gebein/doch Worte bringen keine Pein.« Wer auch immer sich diesen Sinnspruch ausgedacht hat, hat ganz offensichtlich niemals versucht, Walisisch zu sprechen oder eine ungekürzte Version von *Auf der Suche nach der verlorenen Zeit* zu stemmen. Und ganz gewiss wurde er noch nie mit einer Beleidigung von Shakespeare bedacht. Sprache und Literatur haben viele der größten Errungenschaften der Menschheit hervorgebracht, aber genauso haben sie uns die Worte an die Hand gegeben, unser Scheitern zu beschreiben.

DIE ZEHN SCHLIMMSTEN WALISISCHEN ZUNGENBRECHER

Es ist schon bewundernswert, wie die Waliser ihre Sprache über die Jahrhunderte am Leben erhalten haben und dafür kämpften, dass Walisisch in ihrem Land auf Augenhöhe mit Englisch behandelt wird. Für einen Walisisch-Muttersprachler ist es gewiss ein erhebendes Gefühl, dass jedes »Taxi« im Land auch als »Tacsi« ausgezeichnet ist. Woher sollte er sonst auch wissen, was er da vor sich hat. Man muss respektieren, mit welcher Entschlossenheit die Gemeinde der Walisisch-Sprechenden sich für ihre Sprache stark macht. Es gibt aber auch einige Wörter, bei denen man sich fragt: »Wozu der ganze Aufwand?«

10. Twmffat
Spricht sich:[1] »Tuhm-fett«.
Bedeutet: »Idiot«.

9. Twpsyn
Spricht sich: »Tuhp-sen«.
Bedeutet: »Idiot«

8. Sboncen
Spricht sich: »Sbon-ken«.
Bedeutet: »Squash«.[2]

....

1 Die Aussprachehilfe ist natürlich nur sehr ungenau.

2 Ja, genau, der Sport, bei dem man einen kleinen Gummiball durch die Halle prügelt.

7. Chwyrligwgan
Spricht sich: »Tschu-ürl-ih-gu-gan«.
Bedeutet: »Karussell«.

6. Bwlchgwyn
Spricht sich: »Bull-ch-gwin«.
Bedeutet: »Weißpass«.[1]

5. Moron
Spricht sich: »Moron«.
Bedeutet: »Karotte«.[2]

4. Cyntaf
Spricht sich: »Kant-off«.
Bedeutet: »Erster«.

3. Cont y môr
Spricht sich: »Kont-i-morr«.
Bedeutet: »Qualle«.

2. Ysbyty Ystwyth
Spricht sich: »Uss-butti uss-twiss«. **Bedeutet:** »Agiles Krankenhaus«.[3]

....

1 Ein Dorf in der Nähe von Wrexham. Im Walisischen sind das »W« und das »Y« Vokale. Aber das schützt einen auch nicht davor, sich hier die Zunge zu verrenken.

2 Ich konnte leider nicht herausfinden, ob die Waliser die Politiker von Ukip als „Karotten" be-zeichnen. [Anm. d. Übers.: »Moron« steht im Englischen für »Schwachsinniger« oder »Dumm-kopf«.]

3 Ein Dorf in der Nähe von Aberystwyth.

1. Llanfairpwllgwyngyllgogerychwyrndrobwllllantysiliogogogoch

Spricht sich: »Klan-feier-puckel-gwin-gilkel-go-gehr-uch-windrop-ucl-klan-tw-silly-o-go-go-goch«.

Bedeutet: »Die Kirche der Heiligen Maria in der Mulde des weißen Hasels in der Nähe des schnellen Wirbels und der Kirche von St. Thysilio von der roten Höhle«.[4]

4 Oder so ähnlich. Dieser Ortsname wurde in den 1860er-Jahren als Werbegag erfunden, um einen Bahnhof berühmt zu machen.

DIE ZEHN SCHWIERIGSTEN FREMDSPRACHEN FÜR ENGLISCHE MUTTERSPRACHLER

Vorweg sei erwähnt, dass Englisch an sich schon nicht ganz ohne ist. Es gibt Hunderte unregelmäßiger Verben, ein gewaltiges Vokabular, praktisch keine Grammatikregel ohne Ausnahmen, ein nicht phonetisches Buchstabiersystem, endlos viele Homofone und viele bizarre Wege, Wörter anzuordnen und zusätzlich zu betonen. Dazu kommen mindestens acht grammatikalische Arten, über die Zukunft zu reden, und durchgeknallte Arschgeigen wie Donald Trump, die Tag für Tag aufs Neue die englische Sprache auf Twitter malträtieren. Und trotzdem: Es geht immer noch schlimmer.

10. Arabisch

Es geht los mit einer ungewöhnlichen Art zu schreiben (von rechts nach links) und Buchstaben, die, abhängig davon, wo sie innerhalb eines Worts stehen, auf vier unterschiedliche Arten geschrieben werden. Um es so richtig schwierig zu machen zu erkennen, worum es überhaupt geht, kennt die Schriftform der Sprache keine Vokale.

9. Mongolisch

Glücklicherweise wurde die alte mongolische Schrift (die von oben nach unten lief) 1941 vom leichter verständlichen Kyrillisch abgelöst. Dennoch hält die mongolische Sprache für ihre ahnungslosen Opfer einige brutale Prüfungen bereit. So arbeitet diese Sprache mit Vokalharmonien. Das heißt, die Vokale werden abhängig davon klassifiziert, wo im Mund man sie produziert. Das allein wäre ja noch machbar, aber es gibt eine Regel, wonach Vokale unterschiedlicher Gruppen nicht innerhalb ein und desselben Worts verwendet werden dürfen. Außerdem verleiht die Art und Weise, wie man diese Vokale ausspricht, dem Wort eine völlig neue Bedeutung.

8. Koreanisch

Koreanisch ist eine isolierte Sprache, die in keinen anderen Sprachstamm passt. Entsprechend einzigartig und schwierig ist das Vokabular, ergänzt um Satzstrukturen, die Englischsprecher aus der Bahn werfen, weil das Verb am Satzende steht. (Koreaner sagen also nicht »Ich fahre Auto wie ein Verrückter«, sondern »Ich wie ein Verrückter Auto fahre«.) Ach ja: Es gibt auch noch sieben Grade von Förmlichkeit, was soziale Kontakte anbelangt, und bei jedem Grad endet das Verb anders.

7. Georgisch

So heißt »deine Mutter« auf Georgisch: შენი დედამოვჰყან. Es mag ja ganz reizvoll sein, in einem Alphabet zu fluchen, dessen Buchstaben aussehen wie Brüste (თ), Spermien (ღ) oder ein Typ auf einem Hüpfball (ჱ), doch müssen erst einige beträchtliche Hürden bewältigt werden, bis man an diesen Punkt gelangt. So gibt es beispielsweise zwei unterschiedliche »P«-Töne, die für die meisten Nicht-Georgier völlig identisch klingen.[1] Dann wären dann noch eine Vielzahl an Fällen und Hauptwörter, die sich

....

1 Wir sind ja hier in den Fußnoten unter uns, da können wir auch schon mal etwas technischer werden. Georgisch steckt voller »glottalisierter Plosive«, also hart klingender Konsonanten, deren Bedeutung sich abhängig davon verändert, wo im Kehlkopf sie produziert werden. Allein darüber nachzudenken, tut schon weh, aber noch viel schlimmer wird es, wenn man versucht, die entsprechenden Töne korrekt zu treffen.

nicht an die aus dem Englischen gewohnten Regeln von Subjekt und Objekt halten, dafür aber reichlich Konsonantenhaufen beherbergen. Autsch.

6. Polnisch

Es gibt 17 unterschiedliche Wörter für die Zahl 7. Und natürlich auch für alle anderen Zahlen. Es gibt sieben unterschiedliche Fälle, alle mit geschlechtsabhängigen Variationen. Polnisch verfügt über zusätzliche Zischlaute (neben »s« und »c« beispielsweise gibt es auch »ś« und »ć«) und reichlich Wörter mit Ws und Zs. Nur mal so als Beispiel: »Na wyścigu wyścigowym wyścigówka wyścigowa wyścignęła wyścigówkę wyścigową numer sześć.«[1]

5. Mandarin

Mandarin-Chinesisch ist eine Tonsprache, was besagt, dass sich die Bedeutung eines Worts abhängig von der Art und Weise, wie das Wort betont wird, verändert. Viele »identische« Wörter haben also unterschiedliche Bedeutungen. Noch komplizierter wird das ganze durch den Umstand, dass die chinesische Schrift aus Tausenden Zeichen besteht. Und dass die Verben keine Zeitformen kennen. Und dass es die Sprache seit Tausenden von Jahren gibt und sich keineswegs hinter dem Englischen verstecken muss, was merkwürdige Redewendungen, verwirrende Aphorismen und rätselhafte Ausdrücke angeht.

4. Kantonesisch

Ist wie Mandarin – nur völlig anders und das auf verwirrende Weise. Die Tonregeln sind oftmals gleich und das Grundalphabet

....

1 Das bedeutet in etwa: »Der auf einer Rennstrecke Rennen fahrende Rennfahrer fuhr das Rennen in Rennwagen Nummer sechs.« Die Polen haben wirklich die besten Zungenbrecher.

ist ähnlich, aber dann muss irgendjemand alles genommen und in einem großen Sack so stark durchgeschüttelt haben, dass man nichts mehr wiedererkennt.

3. Japanisch

Drei unterschiedliche Schreibsysteme, jedes davon mit Tausenden Zeichen. Bevor Sie sich den extrem komplexen Vokabeln und der schwierigen Grammatik nähern dürfen, sind erst einmal viele Stunden Büffeln angesagt.

2. Ungarisch

Ungarisch ist eine weitere nahezu isolierte Sprache, das Vokabular ist also mit nichts anderem vergleichbar. Die Bedeutung der Wörter lässt sich durch Nachsilben auf grammatikalisch komplexe Weise verändern. Dazu passt, dass die Hauptwörter in 18 unterschiedlichen Fällen daherkommen, während sich die Verben auf fünf Weisen konjugieren lassen.[2] Das Ganze lässt sich nur schwer erklären und noch schwerer schreiben. Positiv dagegen ist, dass sich ganz hervorragend auf Ungarisch fluchen lässt. Weit verbreitet ist beispielsweise *Nyald ki a seggem!*, »Leck mich am Arsch!«[3]

1. Finnisch

Finnisch hat weniger Fälle als das Ungarische (geradezu lachhaft geringe 15), bringt dafür aber einige gemeine Extras mit. Eine Gemeinheit bei dieser Sprache besteht darin, dass es Begriffe mit einem einzelnen Vokal und solche mit einem doppelten identi-

....

2 Je nach Zeit, Stimmung, Person, Entschiedenheit und Menge.

3 Ebenfalls großartig ist *Menj a halál faszara*, wörtlich »Geh dem Tod auf den Schwanz«.

schen Vokal gibt. Die Wörter sprechen sich minimal anders aus, aber ihre Bedeutung ist eine völlig andere. »Tuli« beispielsweise bedeutet »Feuer«, »Tuuli« »Wind«. Oder »Talotta« und »Talolta«. Das eine bedeutet »ohne Haus«, das andere »aus einem Haus«. Im Finnischen werden zudem gewaltige Komposita gebildet – und das aus einem Vokabelsystem, das dem Englischen völlig fremd ist. Glücklicherweise ist auch das Finnische bestens zum Fluchen geeignet. *A'paskaa syövä koiranraiskaaja* beispielsweise bedeutet »Scheißefressender Hundeficker«. Wer weiß, ob man dieses Wissen nicht irgendwann mal gebrauchen kann.[1]

1 Und was könnte finnischer sein als die Aufforderung *Suksi vittuun*, »Fahr mit deinen Skiern in eine Vagina«?

DIE ZEHN SCHLIMMSTEN BEISPIELE FÜR ENGLISCHEN MANAGERSPRECH

Man lernt viel über die Menschheit, wenn man sich ansieht, aus welchem Holz ihre Anführer geschnitzt sind. Nun, Nützliches haben die jedenfalls nicht im Repertoire …

10. Call

Was soll man da sagen, als Weltbürger erwartet man im Office (Büro) halt einen Call. Bei den heutigen Geräten wäre das Wort Telefonat auch grober Unsinn, man nutzt ja schließlich sein Smartphone …

9. Product Evangelist

Wie ein Vertriebsmensch, nur mit einer Extraportion Igittigitt als Beigeschmack.

8. Benchmarking

Ist auch nichts anderes als »messen«, die blöde redundante Metapher gibt es umsonst noch oben drauf. Ursprünglich markierten Landvermesser Mauern oder Pfähle mit einem Zeichen, um so Höhen messen zu können. Diese Zeichen hießen »bench-marks«. Heutzutage zeigt es nur, in welche unermesslichen Tiefen die Sprache absinken kann.

7. Committen

Prima, wir committen uns. Was soll das heißen – und gibt es tatsächlich kein deutsches Wort dafür? Vielleicht sollten wir das Wording überdenken, aber dazu später. Man könnte auch sagen, wir verpflichten uns, dies oder das zu machen. Aber das hört sich irgendwie so verbindlich an… und irgendwie auch langweilig.

6. Proaktiv

Proaktiv ist super, nur wird es meistens von den Marketingleitern in den Mund genommen, wenn das Kind schon ins Wasser gefallen ist.

5. Wording

Man könnte über das Wording in diesem Buch diskutieren oder das Wording von Marketingfuzzies. Aber das lohnt sich nicht, die Ausdrucksweise ist schlicht ätzend, überheblich, sachlich oft falsch und nicht zuletzt nervig.

4. Low-hanging fruit

Management-Heinis ernten gerne »niedrig hängende Früchte«. Wir sprechen hier über Dinge, die sich einfach erledigen lassen. Gleichzeitig ist es natürlich völliger Bullshit.

3. High-Performer

Sind Sie ein High-Performer? Im Prinzip ja, denn wir sind alle High-Performer. Nur unterteilen uns die blöden CEOs in Menschen, die im Büro sterben, weil sie so viel gearbeitet und dusselige Befehle umgesetzt haben, und Menschen, die auch mal Dinge anzweifeln, weil sie schlicht dumm sind. Das sind dann aber keine High-Performer, das sind Low-Performer. Oder einfach gesagt: faule Säcke. Und was genau waren CEOs?

2. Thought leader (Vordenker)

Vordenker sind Leute mit Funkmikros, die weder vorne sind noch denken können. Während ich das hier schreibe, gibt es auf Linkedin.com über 87.000 Menschen, die sich als »Vordenker« bezeichnen. Da fragt man sich doch: Wo sind denn all deren Nach-Denker?

1. Kick-off-Meeting

Es geht hier nicht um Fußball, es geht um ein Treffen von – wahrscheinlich – unheimlich wichtigen Leuten, die, bevor andere einfach ihre Arbeit machen können, stundenlang dummes Zeug reden und am Ende Latte mit Schuss saufen und sich gegenseitig die Ohrmuscheln auslecken, weil sie als Leistungsträger schon alles geregelt haben, und die fleißigen Bienchen sich gemütlich zurücklehnen können.

DIE ZEHN SCHLIMMSTEN BELEIDIGUNGEN SHAKESPEARES

Der große Barde war keineswegs nur ein begnadeter Süßholz-raspler, er konnte auch einen ganz anderen Ton anschlagen, wenn ihm danach war. Und das klang dann deutlich weniger freundlich, das kann ich Ihnen sagen.

10. *»Er ist ein ausgemachter Hasenfuß, ein unendlicher und grenzenloser Lügner, ein stündlicher Wortbrecher und Besitzer keiner einzigen Eigenschaft, die es verdiente, dass Eure Herrlichkeit sich seiner annimmt.«*

In *Ende gut, alles gut* wird Parolles dem Publikum auf diese charmante Weise erstmals vorgestellt.

9. *»Du grützköpfiger Lord! Du hast nicht mehr Hirn als ich im Ellbogen; ein Packesel kann dein Zuchtmeister sein, du schäbiger, tapfrer Esel!«*

Theristes beschimpft Ajax in *Troilus und Cressida.*

8. *»Der blutige, kupplerische Bube! Der gewissenlose, verräterische, unzüchtige, unbarmherzige Bösewicht!«*

Man könnte glatt den Eindruck bekommen, dass Hamlet seinen lüsternen Onkel Claudius nicht sonderlich mag.

7. »*So fett wie Butter!*«

So böse wird Falstaff in *Heinrich IV.* beschrieben.[1]

6. »*Fort mit dir, du Hungerbild, du Aalhaut, du getrocknete Rinderzunge, du Ochsenziemer, du Stockfisch, – o hätt' ich nur Odem, zu nennen, was dir gleicht! – du Schneiderelle, du Degen(scheide, du Bogen)futteral, du erbärmliches Rapier!*«

Wie Falstaff hier seinerseits Heinrich IV. angeht, ist aber auch nicht die feine französische Art. Auf seine ganz spezielle Weise erklärt Falstaff hier dem Fürsten, dass dieser ein buchstäblich schlapper Schwanz ist.

5. »*Aus meinen Augen fort! Du steckst sie an.*«[2]

Anna hat in *Richard III.* genug gesehen von Richard. Als er erwidert »Dein Auge, Herrin, hat mich angesteckt«, haut sie ihm ein »Oh wär's ein Basilisk, dich tot zu blitzen!« um die Ohren. Oha.

....

1 Etwas früher in derselben Szene (Zweiter Akt, Szene 4, falls Sie es nachlesen wollen) sagt Heinrich IV. auch: »Sahst du niemals den Titan einen Teller voll Butter küssen? Den weichherzigen Titan, der bei einer süßen Erzählung seines Sohnes schmolz? Wenn du es tatest, so betrachte diese Masse!« Mit »Masse« ist Falstaff gemeint. Nicht nett, ganz und gar nicht nett.

2 In diesem Stück erhält Margareta, die Witwe von Heinrich VI., Gelegenheit, dem Duke of Gloucester einmal ordentlich die Meinung zu geigen. Ihre Ansprache verdient es, in voller Länge zitiert zu werden: »Bewahrt der Himmel eine schwere Plage/Die übertrifft, was ich dir weiß zu wünschen/O spar' er sie, bis deine Sünden reif/Dann schleudr' er seinen Grimm herab auf dich/Den Friedensstörer dieser armen Welt!/Dich nage rastlos des Gewissens Wurm!/Argwöhne stets die Freunde wie Verräter/Und Erzverräter acht' als Busenfreunde!/Dein tödlich Auge schließe nie der Schlaf/Es sei denn, weil ein peinigender Traum/Dich schreckt mit einer Hölle grauser Teufel!/Du Missgeburt voll Maler! Wühlend Schwein!/Du, der gestempelt ward bei der Geburt,/Der Sklave der Natur, der Hölle Sohn!/Du Schandfleck für der Mutter schweren Schoß!/Du ekler Sprössling aus des Vaters Lenden!/Du Lump der Ehre! Du mein Abscheu«. Warum sagt sie nicht einfach geradheraus, was sie von ihm hält?!

4. *»Die Herbigkeit seines Angesichts macht reife Trauben sauer.«*

Was Menenius da in *Coriolanus* vermitteln möchte, ist, dass Martius nicht gerade als Sonnenschein durch die Gegend läuft.

3. *»Ich wünsche mir Eure entferntere Bekanntschaft.«*

Orlando verpasst Jaques in *Wie es euch gefällt* einen hübschen kleinen Seitenhieb.

2. *»Wärst du doch rein genug, dich anzuspei(e)n!«*

Timon (aus *Timon von Athen*) deutet hier an, dass es Apemantus mit der Sauberkeit nicht so genau hält. Apemantus kontert: »Verwünscht bist du, zu schlecht, um dir zu fluchen!« Woraufhin Timon einen Volltreffer landet:

1. *»Ich schlug dich, doch das würde die Hände mir vergiften.«*

Was für ein verbaler Schwinger. Apemantus hält mit »Oh, mögest du bersten« dagegen, Timon erwidert: »Mich dauert's, einen Stein an dich zu wenden!« und wirft einen Stein nach Apemantus. Tolle Szene. Mann, dieser Shakespeare! Der kommt noch mal ganz groß raus …

DIE ZEHN GEMEINSTEN VERRISSE VON ERFOLGSAUTOREN

All diese Autoren sind sehr gelobt worden ... aber nicht immer.

10. »*Gedrucktes Chloroform ... Wann immer [Joseph Smith] feststellte, dass seine Sprache zu modern wurde – was ungefähr alle zwei Sätze der Fall war –, sprenkelte er ein paar alttestamentarische Formulierungen wie ›Es begab sich‹ etc. ein und machte auf diese Weise die Dinge wieder befriedigend. ›Es begab sich‹ war sein Liebling. Hätte er das weggelassen, wäre seine Bibel nur ein Flugblatt gewesen.*«

Mark Twain nimmt sich 1872 in *Durch dick und dünn* das *Buch Mormon* von Joseph Smith vor.

9. »*Das Buch ist vollgestopft mit irren, blumigen Metaphern und hochtrabenden Experimenten in Kreativem Schreiben. Es gibt hektische Passagen über griechische Tragödien und das christliche Familienkonzept ... und dick aufgetragenen Freudschen Symbolismus, inklusive einer langen Beschreibung über das Ziehen eines Molars, eines ›großen Backenzahns von großer persönlicher Bedeutung‹, wie sie gewichtig schreibt ... Hektar voller poetischem Klamauk und vage literarischem Blabla, ein bedürftiges, neurotisches Violinensolo der Reflektionen über Kindsopfer und Nebenbemerkungen über Abflüsse.*«

Camilla Long haut 2012 *Aftermath* von Rachel Cusk in Stücke.

8. »*Ihr Werk ist Poesie. Es muss als Poesie beurteilt werden und alle Schwächen der Poesie finden sich in ihm.*«

Die *New York Evening Post* findet 1927 wenig Gefallen an *Zum Leuchtturm* von Virginia Woolf.

7. »*Alle paar Jahre kommt einem Rezensenten ein Roman unter, dessen Unzulänglichkeiten derart viele und so grundlegender Art sind, dass, wollte man sie ausführlich erläutern, der Text den Roman selbst an Länge und In-teressantheit übertreffen würde.*«

Robert Macfarlane lässt 2006 in der *New York Times* an *Die Bettgeschichten der Meisterköche* von Irvine Welsh kein gutes Haar.

6. »*Und dieses Wort ›hummy‹[1], meine Lieben, war die erste Stelle in Pu der Bär, bei der sich die geneigte Leserin über eine Schüssel neigte.*«

Dorothy Parker ist 1928 im *New Yorker* nicht zufrieden mit A.A. Milnes *Pu der Bär*.

---

1 Anm. d. Übersetzers: Im Original singen Pu und Ferkel ein Lied, dessen Zeilen auf »Tide-li-pom« enden. Pu erklärt im Anschluss, er habe das hinzugefügt, damit man es besser summen kann (»to make it more hummy«).

5. »*Sind unser Selbstgefühl und unsere Kultur im Westen dermaßen erschüttert, sind wir von den diversen Fanatismen, die uns bedrohen, so sehr vor Furcht gelähmt, dass wir es uns erlauben können, uns von einem derart selbstgefälligen und in vielerlei Hinsicht lächerlichen Roman wie diesem überzeugen und trösten zu lassen?*«

John Banville watscht 2009 in der *New York Review of Books* Ian McEwans Roman *Saturday* ab.

4. »*Immer, wenn ich Stolz und Vorurteil lese, möchte ich sie wieder ausgraben und ihr mit ihrem eigenen Schienbeinknochen eines über den Schädel ziehen.*«

Mark Twain zum zweiten. Dieses Mal lässt er sich 1909 in einem Brief an seinen Freund W.D. Howells über Jane Austen aus.

3. »*Ich entsinne mich, dass Schauspieler es oftmals als Ehrbekundung gegenüber Shakespeare erwähnt haben, dass er, egal was er schrieb, niemals eine einzige Zeile getilgt hat. Meine Antwort lautete: ›Hätte er doch Tausend getilgt.‹*«

Ben Jonson zieht 1640 über William Shakespeare her.

2. »*Ich habe Ulysses beendet und halte es für eine Fehlzündung … Es ist brackig. Es ist prätentiös.*«

Virginia Woolf vertraut im September 1922 ihrem Tagebuch ihre Meinung zum Opus Magnum von James Joyce an.

1. »*Niemand, dessen Geist jemals mit auch nur dem geringsten Wissen von oder Gefühl für klassische Poesie oder klassische Geschichte in Berührung gekommen ist, hätte sich dazu herabgelassen, jede Verbindung auf eine Weise zu entweihen und zu vulgarisieren, wie es dieser ›vielsprechende Sohn‹ getan hat ... Mister Keats ist ein [...] Junge ziemlicher Fähigkeiten und er hat alles in seiner Macht Stehende getan, diese zu verderben ... Es ist besser und klüger, ein hungernder Apotheker zu sein als ein hungernder Dichter. Also zurück in den Laden, Mister John, zurück zu ›Pflastern, Pillen und Salbenschachteln et cetera‹. Aber junger Sagrado, geht um Himmels Willen bei eurer Arbeit etwas sparsamer mit Beschönigendem und Einschläferndem um, als ihr es in eurer Poesie getan habt.*«

Das *Blackwood's Magazine* zerreißt 1818 *Endymion: Eine poetische Romanze* von John Keats.[1]

---

1 Der arme Keats musste ganz schön bluten. Die *Quarterly Review* hatte über dasselbe Gedicht folgendes zu sagen: »Wir haben unter Anstrengungen, die nahezu genauso übermenschlich waren wie die Geschichte selbst es zu sein scheint, versucht, bis zum Ende durchzuhalten. Aber selbst unter vollster Ausschöpfung unseres Durchhaltevermögens müssen wir gestehen, dass wir nicht über das erste der vier Bücher hinausgekommen sind.«

DIE ZEHN BEDAUERLICHSTEN LITERARISCHEN ABSAGEN

Nicht nur Kritiker liegen gelegentlich daneben, auch Verleger haben sich einige erstaunliche Fehleinschätzungen geleistet.

10. »*Hoffnungslos schlecht*«

Zu diesem Urteil kam das Lektorat von Alfred A. Knopf, als es *Giovannis Zimmer* von James Baldwin ablehnte. Die *New York Times* war 1956 anderer Meinung: »Sein auffälligstes Talent besteht in der Fähigkeit, Wörter zu finden, die den Leser erst mit ihrer Kühnheit erstaunen, bevor sie ihn mit ihrer Richtigkeit überwältigen.« Das Werk wird bis heute immer wieder neu aufgelegt.

9. »*Es war unglaubwürdig. Mir schien, ich würde Figuren aus den nordischen Mythen erkennen, aber es erschien mir wie ein Mischmasch. Ich konnte dem nicht folgen und habe es buchstäblich nicht geschafft, es bis zum Schluss zu lesen.*«

Barney Rosset erklärt, warum er, als er bei Grove Press war, J.R.R. Tolkiens *Herr der Ringe* ablehnte.

8. »*Es tut mir leid, Mister Kipling, aber Sie können schlicht nicht mit der englischen Sprache umgehen.*«

Der *San Francisco Examiner* war offenkundig unzufrieden mit Rudyard Kipling, als dieser 1889 seinen zweiten Artikel dort einreichte. Fünf Jahre später schrieb er *Das Dschungelbuch.*

7. »*Mir gefällt Ihre Story, Richard, aber niemand in Manhattan kann sie leiden. Es ist an der Zeit, sie wegzulegen und mit dem nächsten Buch anzufangen.*«

Richard Bachs Agent konnte 1969 seinem Schützling keine positiven Rückmeldungen mitgeben. 18 Verleger hatten *Die Möwe Jonathan* mittlerweile abgelehnt. Als das Werk schließlich doch noch einen Abnehmer fand, sollte es sich 40 Millionen Mal verkaufen.

6. »*Miss Play kann mit Worten umgehen und sie hat ein gutes Auge für ungewöhnliche und lebendige Details. Nachdem sie sich das Buch nun von der Seele geschrieben hat, ist sie vielleicht imstande, beim nächsten Mal ihr Talent effektiver einzusetzen. Ich glaube nicht, dass hier irgendjemand diesen Roman nehmen wird, insofern könnten wir durchaus eine zweite Chance bekommen.*«

Leider war Sylvia Plath (sogar ihr Name wurde in der Absage falsch geschrieben) 1963, als ein Lektor bei Knopf diese Absage formulierte, bereits tot. Ihr Buch *Die Glasglocke* schaffte es trotzdem, ein Klassiker zu werden.

5. »*Sehr eintönig … ein düsterer Bericht über typische Familienstreitigkeiten, kleine Ärgernisse und die Emotionen Heranwachsender … Selbst wenn das Werk vor fünf Jahren, als es thematisch gepasst hätte, ans Tageslicht gekommen wäre, hätte es meiner Meinung nach keine Chance gehabt.*«

Und noch eine Einschätzung eines Lektors. Dieses Mal wird dem Verleger Alfred A. Knopf 1950 empfohlen, das *Tagebuch der Anne Frank* abzulehnen.

4. *»In den USA besteht keine große Nachfrage nach Tiergeschichten.«*

So kann man sich täuschen. Dial Press lehnt 1944 *Die Farm der Tiere* von George Orwell ab.

3. *»Wir hegen Zweifel … ob dies der richtige Ausgangspunkt für eine Kritik an den derzeit herrschenden politischen Umständen ist.«*

T.S. Eliot bei Faber & Faber lehnt im selben Jahr ebenfalls *Die Farm der Tiere* ab.

2. *»Ich bin nur eines, eines, eines. Nur ein Wesen, ein Wesen zurzeit. Nicht zwei, nicht drei, nur eines. Nur ein Leben zu leben, nur sechzig Minuten für eine Stunde. Nur ein paar Au-*  *gen. Nur ein Gehirn. Nur ein Wesen. Da ich nur eines bin, mit nur einem Paar Augen, nur in einer Zeit lebend, nur über ein Leben verfügend, kann ich Ihr Manuskript nicht drei- oder viermal lesen. Nicht einmal ein einziges Mal. Ein Blick, ein einziger Blick reicht aus. Hier würde sich kaum ein Exemplar davon verkaufen. Kaum eines. Kaum eines.«*

Arthur Fifield, Gründer des britischen Verlagshauses A.C. Fifield, lehnte 1912 mit diesen Worten Gertrude Stein (Sie wissen schon: »Eine Rose ist eine Rose ist eine Rose.«) ab. Bis heute wird sie vermutlich mehr bewundert als tatsächlich gelesen. Aber andererseits ist ihr Werk auch nach über einem Jahrhundert noch immer im Druck.

1. »*Werter Freund, vielleicht bin ich geistig nicht der hellste, aber ich begreife schlichtweg nicht, warum ein Mann 30 Seiten dafür benötigen sollte zu beschreiben, wie er sich vor dem Einschlafen in seinem Bett umdreht. Mir schwamm der Kopf.*«

Marc Humblot schrieb 1912 an Marcel Proust und lehnte für den Verlag Ollendorff *Auf der Suche nach der verlorenen Zeit* ab – und vergab damit die Gelegenheit, das Werk eines unsterblichen Genies zu veröffentlichen.[1]

1 Der Autor André Gide lehnte für sein Magazin *Nouvelle Revue Francaise* Prousts Meisterwerk ebenfalls ab. Später schrieb er Proust eine Entschuldigung und erklärte, er habe damit den schwersten Fehler seines Lebens begangen und es gebe nur wenig, was er so heftig bedauere und was ihm solche Schuldgefühle bereite.

DIE ZEHN LÄNGSTEN ROMANE

Wir sprechen über Bücher, die von Mainstreamverlagen veröffentlicht wurden. Die Längenangaben sind (geschätzte[2]) Wortmengen. Wieviel Lebenszeit die Lektüre dieser Werke Sie kostet, hängt ganz allein von Ihnen ab.[3]

10. *Ponniyin Selvan* von Kalki (R. Krishnamurthy):
900 000 Wörter

9. *Kelidar* von Mahmoud Dowlatabadi:
950 000 Wörter

8. *Clarissa – Die Geschichte eines vornehmen Frauenzimmers* von Samuel Richardson:
984 870 Wörter

7. *A Dance to the Music of Time* von Anthony Powell: 1 000 000 Wörter

6. *Zettels Traum* von Arno Schmidt:
1 100 100 Wörter

....

2 Was die runden Zahlen erklärt. Es gibt zudem oftmals unterschiedliche Ausgaben dieser Ziegelsteine von Büchern. Die armen Wissenschaftler, die die Unterschiede in den Texten vergleichen müssen …

3 Was keineswegs bedeuten soll, dass Sie sich nicht an diese Schinken herantrauen sollten. Bei vielen davon lohnt sich jedes einzelne Wort. Aus persönlicher Erfahrung kann ich Ihnen Proust und Powell sehr ans Herz legen. Und auch die anderen Bücher haben reichlich begeisterte Fans gefunden. Sie müssen sich halt nur darauf einstellen, dass es ein etwas längeres Lesevergnügen werden könnte.

5. *Auf der Suche nach der verlorenen Zeit* von Marcel Proust: 1 267 069 Wörter

4. *Gordana* von Marija Juríc Zagorka: 1 400 000 Wörter

3. *Venmurasu* von B. Jeyamohan: 1 556 028 Wörter[1]

2. *Das Büro* von J.J. Voskuil: 1 590 000 Wörter

1. *Artamène ou le Grand Cyrus* von Georges und Madeleine de Scudéry: 1 954 300 Wörter.

....

1 Stand vom 9. August 2016. Der Autor aus Sri Lanka arbeitet noch an dem Werk, sodass es schon bald der längste Roman überhaupt werden könnte.

KAPITEL 3

UNPOPULÄR-
KULTUR

Musik, Film, Fernsehen. Wir lassen uns von diesen Ein-
tagsfliegen ablenken, weil es besser ist, als alleine in der Gegend herumzusitzen und über den Tod zu sinnieren. Zumindest ist das die Absicht dahinter. Befasst man sich
allerdings mit einigen Bereichen der Populärkultur, drängt
sich schon die Frage auf, ob es überhaupt so ein guter Gedanke ist, sich für den Fortbestand der Menschheit stark zu
machen.

DIE ZEHN GEMEINSTEN VERRISSE KLASSISCHER MUSIK[1]

Kritiker der klassischen Musik mögen klüger und ruhiger sein als der durchschnittliche Rockmusik-Anhänger, aber wenn es darum geht, jemandem das Messer in die Brust (oder den Rücken) zu rammen, erreichen sie einen ganz eigenen Grad der Kunstfertigkeit. Sie hatten ja auch Jahrhunderte Zeit dafür, ihre Fähigkeiten zu verfeinern …

10. »*Ganz deutlich sehen wir die wilden, vulgären Gesichter, wir hören Flüche, wir riechen Wodka … Tschaikowskis Violinkonzerte vermitteln uns zum ersten Mal die abscheuliche Vorstellung, es könnte Musik geben, die das Ohr geruchsbelästigt.*«

Ich bin mir nicht ganz sicher, aber ich glaube, Eduard Hanslick hat die Wiener Premier von Tschaikowskis Violinkonzert im Dezember 1881 nicht so gut gefallen.

9. »*Mahler hatte in seiner Fünften Symphonie nicht viel zu sagen, benötigte dafür aber erstaunlich viel Zeit.*«

Die *New York Sun* fand im Dezember 1913 keinen Gefallen an Mahlers Fünfter.

8. »*In Aufsuchung ohrzerreißender Dissonanzen, gequälter Übergänge, schneidender Modulationen, widerwärtiger*

....

1 Einige dieser Zitate (und viele, viele weitere Leckerbissen) findet man in Nicholas Slonimskys Klassiker *Lexicon of Musical Invective* von 1953. Eine wahre Schatzgrube.

Verrenkungen der Melodie und des Rhythmus, ist er ganz unermüdlich und wir möchten sagen unerschöpflich.«

Den Lesern von *Iris* verrät Ludwig Rellstab 1833 in Berlin das Geheimnis von Chopin.

7. *»Beethovens Zweite Symphonie ist ein grobes Ungetüm, ein abscheulich sich windender durchbohrter Drachen, der unbeugsam weiterkämpft und nicht sterben will. Obwohl er im Finale blutet, schlägt er wild mit aufgerichtetem Schwanz um sich.«*

Die *Zeitung für die elegante Welt* verließ im Mai 1804 die Wiener Uraufführung von Beethovens großer Symphonie wenig begeistert.

6. *»Beethoven klingt für mich immer, als würde jemand Säcke voller Nägel umwerfen, wobei hier und da auch noch ein Hammer fallengelassen wird.«*

Der viktorianische Universalgelehrte John Ruskin eröffnet seinem Freund John Brown in einem Schreiben vom Februar 1881, dass auch er Beethoven nicht mag.

5. *»Der Faun muss einen furchtbaren Nachmittag hinter sich haben, denn das arme Biest schrie auf gestopften Hörnern, wieherte auf Flöten und machte solange einen Bogen um beruhigende Melodien, bis das Publikum begann, sein Leid zu teilen.«*

Louis Elison erzählt 1904 der Leserschaft des *Boston Daily Advertiser*, dass er wenig Spaß mit Debussys *Prélude à l'après-midi d'un faune* (»Vorspiel zum Nachmittag eines Fauns«) hatte.

4. »*Musikalische Impertinenz*«

Strawinskys *Le sacre du printemps* (»Die Frühlingsweihe«) fiel im Juli 1913 beim *Observer* glatt durch.

3. »*Wirklich schaudern wir vor dem Modergeruch, der aus den Missklängen dieses verwesungssüchtigen Kontrapunktes in unsere Nasen dringt. Bruckners Phantasie ist so unheilbar erkrankt und zerrüttet, dass etwas wie die Förderung einer Gesetzmäßigkeit in Akkordfolge und Periodenbau überhaupt für ihn nicht existiert ... Bruckner komponiert wie ein Betrunkener!*«

Durch die Blume sprach Gustav Dömpke im März 1886 nicht gerade, als er sich für die *Wiener Allgemeine Zeitung* mit Anton Bruckner befasste.

2. »*Herzlose Sterilität, Auslöschung sämtlicher Melodie, allen tonalen Charms, aller Musik ... Dieses Getöse der Bläser, Blechpfannen und Pauken, dieses chinesische oder karibische Geklapper mit Holzstöcken und ohrendurchdringenden Skalpiermessern ... Dieses Suhlen in der Zerstörung aller tonalen Essenz, der wütende satanische Furor im Orchester, diese dämonische, unzüchtige Katzenmusik, lästerliche, Pistolen schwenkende Musik mit einer orchestralischen Begleitung, die einem ins Gesicht schlägt ... Daher stammt die geheime Faszination, die sie zum Liebling des schwachsinnigen Adels macht ... der mit*

Reptilienschleim bedeckten Hofaffen und der blasierten
hysterischen weiblichen Hofschranzen, die diese galvani-
sierende Stimulation in Form einer massiven Behandlung
mit Instrumenten benötigen, damit sie ihre des Vergnügens
müden Froschbeine gewaltsam zucken lassen können.«

Verstehen Sie das auch so, dass J.L. Klein nicht der aller-
größte Fan von Richard Wagner war (*The History of*
Drama, 1871)?

1. *»Ich spielte zur Musik dieses Schurken Brahms. Was für*
ein talentfreier Bastard! Es ärgert mich, dass dieses auf-
geblasene Mittelmaß als Genie umjubelt wird.«

Tschaikowski schüttet am 9. Oktober 1886 seinem Tagebuch das Herz aus über Johannes Brahms.

DIE ZEHN BLÖDESTEN
PROG-ROCK-SONGTITEL

Schön, man mag widerwillig die Kreativität bewundern, die hier an den Tag gelegt wurde. Und wenigstens ist es nicht der übliche Unsinn über Liebe und gebrochene Herzen. Aber trotzdem:

10. »The Return of the Giant Hogweed«
Genesis (1971)
Die Rückkehr des Riesenbärenklaus?!

9. »Cygnus X-1 Book II: Hemispheres« –
Rush (1977)
Cygnus X-1 Buch 2: Hemisphären. Bitte was?

8. »Singring and the Glass Guitar
(An Electrified Fairytale)«
Utopia (1977)
Singring und die Glasgitarre
(eine elektrifizierte Märchengeschichte) ... hä?

7. »Land of the Bag Snake«
Soft Machine (1975)
Das Land der Beutelschlange, soso.

6. »Duel of the Jester and the Tyrant«
Return to Forever (1976)
Der Zweikampf von Narr und Tyrann?!

5. »The Revealing Science of God
(Dance of the Dawn)« – Yes (1973)
Die enthüllende Wissenschaft Gottes
(Tanz der Dämmerung). Aha.

4. »Karn Evil 9: 1st Impression, Part 2«
Emerson, Lake & Palmer (1973)
Bitte?

3. »Lady Fantasy«
Camel (1974)
Die Dame Fantasie, schönen guten Tag.

2. »A Plague of Lighthouse Keepers«
Van der Graaf Generator (1971)
Eine Plage der Leuchtturmwärter, aber natürlich.

1. »Dancing with the Moonlit Knight«
Genesis (1973)
Jetzt wird auch noch mit dem Ritter vom Mondlicht getanzt.
Na, herzlichen Glückwunsch.

DIE SCHLIMMSTEN DUETTE DER POPGESCHICHTE

Diese Liste bedarf keiner weiteren Erklärung, nur soviel: Die 1980er-Jahre waren eine schreckliche Zeit und mit Duetten konnte man dafür sorgen, dass sogar die größten Rockstars sich zum Kasper machten. Und dann auch noch Fußballer mit abscheulichen Frisuren.[1]

10. »Rabbit«
Chas & Dave (1980)

9. »When the Rain Begins to Fall«
Pia Zadora und Jermaine Jackson (1984)

8. »Sweet Lovin' Friends«
Sylvester Stallone und Dolly Parton (1984)

7. »Save Your Love«
Renée & Renato (1982)

6. »Especially for You«
Kylie Minogue und Jason Donovan (1988)

5. »Diamond Lights«
Glenn Hoddle und Chris Waddle (1987)

....

1 Wenn Sie wirklich neugierig sein sollten, sehen Sie sich die Videos dazu auf YouTube an. Ich habe das beim Zusammenstellen dieser Liste getan und kann Ihnen nur eines raten: Finger weg.

4. »Say Say Say«
Michael Jackson und Paul McCartney (1983)

3. »The Girl is Mine«
Michael Jackson und Paul McCartney (1982)

2. »Ebony and Ivory«
Stevie Wonder und Paul McCartney (1982)

1. »Dancing in the Street«
Mick Jagger und David Bowie (1985)

DIE ZEHN SCHLIMMSTEN WEIHNACHTSLIEDER

Auch diese Liste muss nicht groß erklärt werden.[1]

10. »Mary's Boy Child«
Cliff Richard (2003)

9. »It's Better to Dream (Christmas Mix)«
Cliff Richard (2016)

8. »Christmas Alphabet«
Cliff Richard (1991)

7. »Have Yourself a Merry Little Christmas«
Cliff Richard (1991)

6. »Santa's List«
Cliff Richard (2003)

5. »Christmas is Quiet«
Cliff Richard (2003)

4. »The Christmas Song«
Cliff Richard (2003)

....

1 Es sei an dieser Stelle darauf hingewiesen, dass Englands nicht immer ganz gleichwertige Antwort auf Elvis einem Untoten gleich jede Weihnacht aufs Neue auftaucht, er aber auch ein paar echte Klassiker aufgenommen hat. »Devil Woman«, »Ain't it Funny« und »Miss You Nights« machen diesen ganzen Weihnachtsschmalz beinahe wett. Beinahe.

3. »Saviour's Day«
Cliff Richard (1991)

2. »Mistletoe and Wine«
Cliff Richard (1991)

1. »The Millennium Prayer«
Cliff Richard (1999)

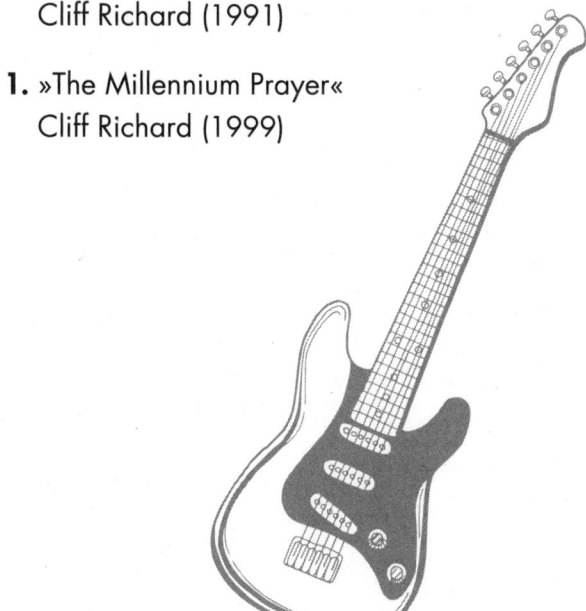

DIE ZEHN SCHLIMMSTEN MUSIKALBEN ALLER ZEITEN (LAUT METACRITIC)

Metacritic trägt Rezensionen zusammen und errechnet daraus eine Punktzahl zwischen 0 und 100. Für jedes Album müssen mindestens sieben Bewertungen vorliegen.[1] Naturgemäß spielen Rezensionen aus der Zeit seit Aufkommen des Internets hier eine größere Rolle, insofern kann es sein, dass die Osmonds und New Kids on the Block nicht gebührend vertreten sind. Falls Sie sich übrigens wundern sollten, wer am anderen Ende der Skala steht – das ist mit 99 Punkten »Ten Freedom Summers« von Wadada Leo Smith.[2]

10. »Fortune« – Chris Brown (2012),

Punkte: 38

Auszug aus einer Rezension: »Sich das Werk genau anzuhören, bedeutet, dass man es sich mit einem Kerl gemütlich macht, den nicht einmal die Moskitos beißen wollen, so verhasst ist er.« – *Rolling Stone*

9. »Life on Display« – Puddle of Mudd (2012),

Punkte: 37

Auszug aus einer Rezension: »Drittklassiger Grunge-Abklatsch, überladen mit übersteuerten Gitarren und stereotyper Rocker-Melancholie.« – *Rolling Stone*

....

1 Abgerufen am 22. Mai 2018 unter http://www.metacritic.com/browse/albums/score/metascore/all/filtered?page=112.

2 Nö, sagt mir auch nichts.

8. »Slick Dogs and Ponies« – Louis XIV (2008),

Punkte: 37

Auszug aus einer Rezension: »Durch und durch seelenlos.«
– *Slant Magazine*

7. »Nine Track Mind« – Charlie Puth (2016),

Punkte: 37

Auszug aus einer Rezension: »Heult wie ein krankes Kätzchen.« – *Q Magazine*

6. »Rebirth« – Lil Wayne (2010),

Punkte: 37

Auszug aus einer Rezension: »›Rebirth‹ ist ein albtraumhaftes Gemisch aus zu stark durch den Computer gejagtem Hip-Hop/R&B und Rock für Doofe. Naja, selbst ein Michael Jordan hat nicht immer einen Korb geworfen.« – *The Onion AV Club*

5. »One« – Dirty Vegas (2004),

Punkte: 35

Auszug aus einer Rezension: »Zermürbend furchtbar« – *Blender*

4. »Testify« – Phil Collins (2002),

Punkte: 34

Auszug aus einer Rezension: »In den mittleren Jahren zu sein, ist keine Entschuldigung für eine unverzeihlich blutleere Anhäufung übertrieben emotionaler Liebeslieder.« – *Q Magazine*

3. »Famous First Words« – Viva Brother (2011),

Punkte: 34

Auszug aus einer Rezension: »Dieses Album ist wider die Natur.« – *No Ripcord*

2. »Results May Vary« – Limp Bizkit (2003),

Punkte: 33

Auszug aus einer Rezension: »Wir haben genug gelitten.« – *NME*

1. »Playing with Fire« – Kevin Federline (2006),

Punkte: 15

Auszug aus einer Rezension: »Das Schlimmste an ›Playing with Fire‹ ist, dass es zu abgestanden und zu schlecht ist, als dass man darüber lachen kann. Ein lustloses Stöhnen, mehr ist nicht drin.« – *Allmusic.com*

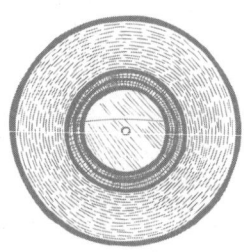

DIE TOP 10 DER ÜBERBEWERTETEN MUSIKALBEN

Diese Platten sind nicht zwingend furchtbar, aber sie sind definitiv auch nicht so gut, wie alle sagen. Und es gibt doch nichts Schlimmeres als etwas zu groß Aufgebauschtes, oder?

10. »Is This It« – The Strokes (2001)
Ist es das? Nein, ist es nicht. Definitiv nicht.

9. »Timeless« – Goldie (1995)
Schon witzig: Heißt »zeitlos«, hat die Jahre aber definitiv nicht gut überstanden. Hört man sich Goldies seinerzeit bahnbrechenden Drum ‚n' Bass heute an, klingt es, als würde jemand in einer Aluminiumspüle den Abwasch machen. Ohne Wasser.

8. »Parklife« – Blur (1994)
Kein Album von Blur war so beliebt und wurde von den Kritikern dermaßen gelobt. Es ist aber gleichzeitig auch ihr schlechtestes. Das zeigt mal wieder, dass wir nicht in einer gerechten Welt leben.

7. »London Calling« – The Clash (1979)
In Häppchen von drei Minuten sind The Clash großartig. Auf Albumlänge ist es so, als würde man von einem Verkäufer der sozialistischen Wochenzeitung *Socialist Worker* zugetextet. Nur nicht so lustig. Holen Sie sich »London Calling« (das Lied), »Spanish Bombs« und »Death or Glory« und ignorieren Sie den Rest. Oder holen Sie vielleicht noch »Lover's Rock« als Erinnerung da-

ran, mit wie viel schwachem Reggae als Füllmaterial hier gearbeitet wurde.

6. »Bitches Brew« – Miles Davis (1969)

Ja, Miles Davis war ein Genie. Ja, er hat die Musikwelt mehrere Male auf den Kopf gestellt. Und ja, dieses Album hat die Grenzen des Jazz gesprengt. Aber es bringt keinen Spaß, ihn auf diesem Weg zu begleiten. Kritiker sagen: »Eine der erstaunlichsten kreativen Aussagen des letzten halben Jahrhunderts, egal in welcher Kunstrichtung.« Ich sage: »Im Auto kann man sich das nicht anhören, nicht wahr?« Das sei eine hühnerbrüstige Kritik an einem bahnbrechenden Werk, sagen Sie? Dann überlegen Sie nur einmal, wozu das Album geführt hat – einem halben Jahrhundert Jazzrock-Platten.

5. »Hotel California« – Eagles (1976)

Den Eagles zuzuhören, sei wie ein »trockener Plastikfick«, hat Gram Parsons gesagt und er muss es wissen, denn es war seine Art von Countryrock, die sich die Eagles abgeschaut haben. Aber sein Meisterwerk »Grievous Angel« verhält sich zu »Hotel California« wie Champagner zu Billigsekt vom Discounter. Dass die Eagles so viel mehr Platten verkauften als Parsons, ist nur ein weiterer Beweis dafür, wie krank diese Welt ist.

4. »BloodSugarSexMagic« – Red Hot Chili Peppers (1991)

Im 21. Jahrhundert läuft man rasch Gefahr, die frühen 1990er-Jahre als goldenes Zeitalter zu verklären. Aber auch damals hatten wir unsere Probleme. Ich sage nur: Rap-Metal-Funk-Fusion.

3. »Up the Bracket« – The Libertines (2002)

Wenn die Leute anfangen, von »Albion« und »Authentizität« zu schwadronieren, gibt es nur eine korrekte Reaktion – man behandelt sie nicht wie die nächsten Beatles, sondern man tritt ihnen in die Nüsse und macht sich aus dem Staub. Wären die Kritiker damals etwas zurückhaltender gewesen, wären uns jede Menge hässlicher und schlagzeilenträchtiger Eskapaden erspart geblieben.

2. »Definitely Maybe« – Oasis (1994)

Dieses Album war das Werk, das Britpop definiert hat, heißt es immer wieder. Wenn dem so ist, dann war Britpop ein Pint abgestandenes Lagerbier voller Chemie.

1. »The Doors« – The Doors (1967)

Weite Teile dieses Werks ist Jim Morrison damit beschäftigt, Frauen Anweisungen zu geben: »Light my fire«, »Let me sleep in your soul kitchen«, »Go real slow«. Und wenn er sich nicht beiläufig frauenfeindlich äußert, schwafelt er sinnloses Zeug. »All the children are insane, waiting for the summer rain, yeah«, singt der Rock-&-Roll-Poet. Yeah? Nö.

DIE SCHLIMMSTEN MUSIKALBEN GROSSER KÜNSTLER

Selbst die allergrößten Legenden greifen schon mal ganz tief ins Klo.

10. »Having Fun with Elvis on Stage« – Elvis Presley (1974)

Wir hören 37 Minuten lang Elvis, wie er auf der Bühne steht und zwischen den Liedern irgendwelches Zeugs erzählt, während im Hintergrund das Publikum kreischt. Starkes Stück, was sich Colonel Tom Parker, des Kings ausbeuterischer Manager, da geleistet hat.

9. »Squeeze« – The Velvet Underground (1973)

Beim fünften Album von Velvet Underground fehlten mit Lou Reed, Sterling Morrison, John Cale und Maureen Tucker gleich vier Gründungsmitglieder der Band. Das Problem liegt auf der Hand, oder?

8. »Tales from Topographic Oceans« – Yes (1973)

Als ob der unglaubliche Albumtitel nicht ausreichen würde, enthält dieses Werk vier 20 Minuten lange Lieder, deren Texte auf alten Mythen der Hindus basieren. Das war selbst für Yes-Fans zu viel.

7. »Cut the Crap« – The Clash (1985)

Joe Strummer hatte mit Mick Jones den Leadgitarristen, zweiten Leadsänger und zentralen Songschreiber vor die Tür gesetzt (und

Drummer Topper Headon gleich noch mit dazu). Nun versammelten sich er und die verbliebenen Mitglieder von The Clash im Studio, um der Welt zu zeigen, dass sie es noch drauf hatten. Die gute Nachricht: Sie ließen den Reggae weg. Die schlechte Nachricht: Sie überfrachteten ihre Songs hoffnungslos mit Synthesizern und Drum-Machines. »Cut the crap«, »hört mit dem Scheiß auf«? Ausgesprochen passender Titel.

6. »Come« – Prince (1994)

Das ist das schlimmste Werk eines Mannes, der ein Konzeptalbum aufgenommen hat, das auf den Lehren der Zeugen Jehovas basiert. Das will schon was heißen. Prince hat sich hier mal so richtig ins Zeug gelegt. Das Album war ein vorsätzlicher Angriff auf seine Plattenfirma Warner Brothers und die Reaktion auf deren Forderung, er müsse seinen vertraglichen Verpflichtungen nachkommen und ihnen noch Musik liefern. Als das Werk veröffentlicht wurde, spottete »The Artist Formerly Known As Prince«, wie er sich nun nannte, in Interviews über das »alte Material«. Es mochte »Come« heißen, aber selbst Prince wollte, dass dieses Album möglichst schnell wieder ging.

5. »Everybody's Rockin'« – Neil Young (1983)

Neil Youngs 25-minütiger Ausflug in das Land des Plastik-Rockabillys war dermaßen schlimm, dass seine Plattenfirma ihn verklagen wollte. Das ist mehr oder weniger das einzige, woran man sich heute bei diesem Album noch erinnert.

4. »Songs from The Capeman« – Paul Simon (1997)

Der Capeman war Paul Simons Versuch, ein Broadway-Musical auf die Beine zu stellen. Es war das reinste Debakel und wurde nach wenigen Tagen abgesetzt. Die Verluste beliefen sich auf über 10 Millionen Dollar. Das Album hatte seinen Absturz zu diesem Zeitpunkt bereits hinter sich. Simon hatte es vor der Premiere des Musicals veröffentlicht, aber das interessierte niemanden. Könnte das mit Textzeilen wie »Dom dom dom doo/Well-a well I'm home« zu tun haben oder mit einem Song wie »Vampires«, in dem es heißt, das Schloss von Graf Dracula sei ein dermaßen furchteinflößender Anblick, dass es »einen weißen Mann grau« mache?

3. »Dylan and the Dead« – Bob Dylan and the Grateful Dead (1989)

Bob Dylan und die Grateful Dead gehörten zu den größten Künstlern ihrer Generation, insofern war es doch eine fantastische Idee, die beiden zusammenarbeiten zu lassen. Was sollte da schon groß falsch gehen? Alles, wie sich zeigte.

2. »Metal Machine Music« – Lou Reed (1975)

Verzerrte Gitarren. Keine Drums. Kein Gesang. Keine Melodien. Sehr kühn. Sehr innovativ. Aber leider auch sehr großer Schrott.

1. »Never Let Me Down« – David Bowie (1987)

»Ich habe mich nicht wirklich eingebracht«, sollte Bowie später reumütig über sein schlimmstes Album sagen. »Ich war mir nicht ganz sicher, was ich tun sollte. Schade, dass da niemand war, der es mir hätte sagen können.« Leider gab es diese Person nicht. Das Ergebnis bezeichnete Bowie als seinen Nadir und das ist nicht übertrieben.

DIE SCHLIMMSTEN BEATLES-LIEDER

Ein komplettes Album voller Mist ist den Beatles nie gelungen und es ist auch witzlos zu behaupten, sie seien irgendetwas Anderes als fantastisch gewesen. Insofern enthält diese Liste auch eher Schläge oberhalb als unterhalb der Gürtellinie. Dennoch ist es ganz tröstlich, sich in Erinnerung zu rufen, dass auch die Fab Four Menschen waren und Fehler machten.

10. »Misery«
Schön, dass der Titel bereits andeutet, was den Hörer erwartet, nämlich Not und Elend. Sonstige schöne Aspekte? Fehlanzeige.

9. »Taxman«
George Harrison, 23 Jahre alt und Multimillionär, beklagt sich hier darüber, dass er etwas von seinem Geld fürs öffentliche Wohl abgeben soll.

8. »Every Little Thing«
»Every little thing she does, she does for me, yeah«. Sie tut also wirklich alles einzig und allein für dich? Bist du sicher? Das gilt also auch, wenn sie in der Nase bohrt? Wenn sie *Coronation Street* guckt? Wenn sie den Finger ableckt, um aus der Tüte Salt & Vinegar Chips auch noch die letzten Krümel herauszuholen? Oder ist sie vielleicht doch ein eigenständiges Wesen?

7. »Within You, Without You«
Hier erklärt uns George Harrison, dass jeder, der seine religiösen Ansichten nicht teilt, schlimmer ist als er.

6. »Komm, Gib Mir Deine Hand«

1964 wurden die Fab Four überredet, einen ihrer größten Hits auf Deutsch einzuspielen. Hören Sie sich das Machwerk ruhig an, dann werden Sie verstehen, warum sie etwas Derartiges nie wieder getan haben.

5. »Dig It«

Diese Art Musik mache man, wenn man dermaßen dicht sei, dass einem alles egal sei, sagte John Lennon. Das Lied war so schlimm, dass Paul McCartney es 2003 für das neu abgemischte Album »Let It Be … Naked« unter den Tisch fallen ließ.

4. »Free As a Bird«

Ein musikalischer Zombie. Eine rührselige Session-Aufnahme mit John Lennon wird von den noch lebenden Beatles 1995 ausgegraben, um die »Anthology«-Alben zu bewerben.

3. »Ob-La-Di, Ob-La-Da«

Blöder Titel, blödes Lied.

2. »I Saw Her Standing There«

»Well she was just seventeen, well you know what I mean …« Sie sei also gerade 17 gewesen und ich wisse schon? Nein, Sir Paul, tut mir leid, weiß ich nicht. Mögen Sie es mir erklären?

1. »Maxwell's Silver Hammer«

Nicht nur der schlimmste Beatles-Song, sondern vielleicht das nervigste Lied aller Zeiten. Ein perverser Ohrwurm, der sich jedes Mal, wenn man ihn hört, aufs Neue tief eingräbt und gefühlte Ewigkeiten im Kopf kreist.

DIE ZEHN AUF SPOTIFY UNPOPULÄRSTEN BEATLES-TITEL

Zusammengestellt von Vulture.com im Dezember 2015. Damals waren die Beatles die allererste Woche überhaupt auf dem Streamingdienst abrufbar und wurden natürlich rauf und runter gedudelt. Einige mehr, die hier weniger:

10. »Honey Don't«

9. »Thank You Girl«

8. »I'll Get You«

7. »Long Tall Sally«

6. »I Call Your Name«

5. »The Inner Light«

4. »Slow Down«

3. »Bad Boy«

2. »Matchbox«

1. »Her Majesty«[1]

....

[1] Das passt, denn »Her Majesty« war das letzte Lied auf »Abbey Road«, dem letzten Album der Beatles. Hier handelt es sich um einen 26-sekündigen Soundschnipsel, der auf das deutlich beeindruckendere »The End« folgt. Die anderen Lieder sagen Ihnen auch nicht viel? Vielleicht liegt das daran, dass es sich größtenteils um B-Seiten aus den frühen Jahren handelt.

DIE SCHLIMMSTEN LIEDER
DER EX-BEATLES

Im Gegensatz zu dem, was Sie vielleicht gelesen haben, ist das musikalische Werk der ehemaligen Beatles nach dem Aus der Band oftmals ziemlich hervorragend. »Ram« von Paul McCartney,[1] »Plastic Ono Band« von John Lennon, »All Things Must Pass« von George Harrison – allesamt Klassiker. Und es gibt viele weitere gute Sachen. Sogar Ringo hatte seine guten Momente. Aber die folgenden Lieder zeigen sehr eindrücklich, warum so viele Leute die Solo-Karrieren der Ex-Beatles abtun.

10. »Woman is the Nigger of the World« – John Lennon (1972)

Dieses Lied ist dermaßen blöd, dass man schon Gefahr läuft, sich davon anzustecken, wenn man es nur beschreibt. Der Titel sagt im Grunde genommen schon alles. Außerdem gibt es ein Saxofonsolo.

9. »Teardrops« – George Harrison (1981)

Hört man sich diesen in Synthesizern ertränkten Unfug an,[2] fällt es schwer zu glauben, dass dieselbe Person »Something« geschrieben hat. »It feels like I've taken over from the rain«, salbadert Harrison über Orgelgejaule, das aus irgendeiner Gameshow kopiert sein muss. Ach, stiller Beatle, hättest du doch geschwiegen.

....

1 Hören Sie sich unbedingt Paul McCartneys »Fireman«-Aufnahmen an. Wildes Zeugs!

2 Aber warum sollte man?!

8. »Imagine« – John Lennon (1971)

So zuckersüß, da kriegt man schon beim Zuhören Diabetes. Außerdem: »Imagine no possessions?« Ich soll mir vorstellen, dass niemand etwas besitzt? Leicht gesagt, wenn man reich ist. Hey John, ich würde dann schon mal Interesse an dem schicken weißen Flügel anmelden, auf dem du diesen Schrott klimperst!

7. »Bip Bop«[3] – Paul McCartney (1971)

John Lennon wirft man gerne vor, er habe allen möglichen alten Quatsch veröffentlicht und darauf gesetzt, dass es die Leute schon interessieren werde. »Bip Bop« allerdings klingt wie das Outtake eines Outtakes einer Jamsession, die ganz furchtbar schief gelaufen ist. »Das Lied führt einfach nirgendwohin. Wann immer ich es höre, zucke ich zusammen.« Dieses Urteil fällt Sir Paul McCartney höchstselbst und wer wäre ich, ihm zu widersprechen?!

6. »Cambridge 1969« – John Lennon (1969)

26 Minuten lang verzerrtes Feedback, arhythmisches Rumdreschen auf einem Becken und Yoko Ono, die schreit und kreischt. Sehr, sehr abgefahren – aber versuchen Sie mal, es in voller Länge zu hören. »Absoluter Scheiß«, urteilte der *Rolling Stone*.

5. »Drumming is My Madness« – Ringo Starr (1981)

Als Schlagzeuger war Ringo möglicherweise deutlich besser, als es ihm viele Leute häufig nachsagen, aber noch bevor er sich für den Brexit starkmachte, gab es Anzeichen dafür, dass Ringo nicht der hellste der Beatles war. Dafür spricht auch dieses Lied.

....

3 Vom viel gescholtenen ersten Wings-Album. Das im Übrigen überraschend gut ist.

»Drumming makes me lose control«, singt Ringo und klingt dabei ironisch gelangweilt und stumpf. Was die Dinge noch schlimmer macht: Angeblich hat er sich auf diesem Lied noch nicht einmal die Mühe gemacht, sich selbst ans Schlagzeug zu setzen.

4. »Motor of Love« – Paul McCartney (1989)
Ein Liebeslied, das so viel Schmalz enthält, dass sich ein Panzerbataillon darin festfahren könnte. Mit diesem Lied erreichte McCartneys Phase sentimentalen Matschs in den 1980er-Jahren ihren absoluten Tiefpunkt und das will wirklich was heißen.

3. »Unconsciousness Rules« – George Harrison (1981)
Hätten Sie Lust, sich von George Harrison einen Vortrag über die Gefahren eines Diskothekenbesuchs anzuhören und im Hintergrund wird auf einem Piano Softrock-Honkytonk geklimpert? Nein, hätte ich auch nicht. Und dann ist da auch noch ein Saxofonsolo. Ohne geht es ja nicht.

2. »The No, No Song« – Ringo Starr (1974)
Dieses Lied darüber, dass man keine Drogen nehmen soll, schreibt seine eigene Rezension. Mehr Gutes lässt sich darüber leider nicht sagen.

1. A-Seite des »Wedding Album« – John Lennon (1969)
22 Minuten lang ruft John Yokos Namen und Yoko ruft John, das Ganze in wechselnder Gefühlslage. Man denkt die ganze Zeit: »Antworte doch endlich mal einer, dann hätten wir uns den ganzen Quatsch hier sparen können!«

DIE SCHLIMMSTEN TV-SENDUNGEN ALLER ZEITEN

Sollten da draußen tatsächlich irgendwo die Aliens hocken und uns belauschen, dann tun mir vor allem diejenigen leid, die es mit unserem Fernsehprogramm zu tun bekommen. 99 Prozent von allem, was ausgestrahlt wird, ist abscheulicher Dreck. Die zehn nachfolgenden Programme mussten sich schon mächtig ins Zeug legen, um in dem ganzen Mist noch besonders negativ aufzufallen.

10. *Die Cosby Show* (1984–1992)
Als sie damals ausgestrahlt wurde, fand diese warmherzige Darstellung vom Leben einer afroamerikanischen Familie aus der Mittelschicht viel Anklang. Sich heute dagegen anzusehen, wie der Serienvergewaltiger Bill Cosby Moralvorträge hält, ist schlichtweg unmöglich. Und auch alles andere als gemütlich.

9. *Game of Thrones* (2011 – heute)
Okay, das ist eine Minderheitenmeinung. Dennoch: Schwerter mit Namen? Check. Reichlich nacktes Fleisch, das von der Tatsache ablenkt, dass die restliche Handlung langweilig ist? Check. Menschen bringen Dämonen zur Welt, die alles und jeden töten können, aber diese Dämonen werden dann einzig dafür genutzt, eine einzelne Person abzumurksen, dabei hätten sie doch richtig aufräumen können und wir wären zum Ende von Staffel drei mit allem durch gewesen? Check. *Game of Thrones* ist nur aufwändig verpackter Quatsch. Mit nacktem Fleisch.

8. *The Apprentice* (2004–2017)

Reality-TV sei für die »Bodenfresser der Gesellschaft«, hat Donald Trump einmal erklärt und stellte es dann unter Beweis, indem er 14 Staffeln dieser Sendung moderierte, in der die unternehmerischen Fähigkeiten der Kandidaten auf die Probe gestellt wurden. Hier erblickte das Konzept der *Trumponomics* das Licht der Welt und hier begann Trump an dem Profil zu feilen, das ihn schließlich ins Weiße Haus führen sollte. Wenn ihm also tatsächlich eines Tages der letzte Funken Menschenverstand abhandenkommt und er den Atomknopf drückt, wer hat dann Schuld? Das Fernsehen.

7. *The Alex Jones Show* (2011 – heute)

Erste Anlaufstelle für hanebüchenen Nonsens über Chemtrails, über staatliche Programme zur Wetterkontrolle, über Amokläufe, hinter denen die Geheimdienste stecken, für jede Menge Rumgebrülle und für Werbung für Nahrungsergänzungsmittel, die nichts bringen. Wobei: Es ist weitaus weniger unterhaltsam, als es jetzt vielleicht gerade klingt.

6. *The Wright Way* (2013)

Ben Elton wirkte einst an Klassikern wie *The Young Ones* und *Blackadder* mit. Hier beschloss er, sich des Themas »Gesundheit und Sicherheitskultur« anzunehmen. Das Ergebnis war wie ein live nachgespielter Artikel aus der *Daily Mail* – und genau so ein Albtraum. »Die schlimmste Sitcom aller Zeiten«, befand die *Daily Mail*.

5. The O'Reilly Factor (1996–2017)

Elf Jahre lang verbreitete Bill O'Reilly Lügen über die amerikanische Politik, behandelte Gäste unhöflich, verbot Opfern von Terroranschlägen den Mund, streute rechte Verschwörungstheorien, behauptete, gleichgeschlechtliche Ehe führe zu artenübergreifenden Partnerschaften, und belästigte hinter den Kulissen Frauen. Kein netter Kerl, echt nicht.

4. Triangle (1981)

Eine Seifenoper, die an Bord einer Nordseefähre spielte und mithilfe von primitiven Videorekordern aufgezeichnet wurde. Was kann da schon schiefgehen? Nun, alles, wie sich herausstellte. Das furchtbare Wetter sorgte dafür, dass alles in einem ständigen Grau stattfand. Der Ton war dumpf und die Schauspieler mussten gegen das Dröhnen der Schiffsmotoren anspielen. Die Kameras haben auch nicht besonders gut funktioniert, es gab Probleme mit dem Licht, der Farbsättigung und Vibrationen. Selbst die Geschwindigkeit der Aufnahme war nicht beständig. Sehen Sie sich ruhig einmal ein paar Folgen auf YouTube an, das ist wie eine Wurzelbehandlung ohne Betäubung.

3. Naked Jungle (2000)

Armer alter Keith Chegwin. Mit nichts als einem Hut angetan scheuchte der ehemalige Kinderstar nackte Kandidaten durch einen Hindernisparcours. »Der schlimmste Karriereschritt meines ganzen Lebens«, sagte Chegwin. In der *Radio Times* hieß es: »Das schlimmste britische TV-Programm aller Zeiten.« Aber dieses Urteil stammt aus dem Jahr 2006. Da wusste man ja noch nichts von …

2. *Mrs Brown's Boys* (2011 – heute)
Sie fragen sich, wie es soweit kommen konnte, dass Großbritannien die EU verlässt? Die unfassbare Beliebtheit dieses Programms reicht als Erklärung vollkommen aus.

1. *Jim'll Fix It* (1975–1994)
Ähnlich wie die *Cosby Show* war auch diese Sendung, in der Kinderträume erfüllt werden, zu ihrer Zeit überraschend beliebt. Wie sich herausstellte, war der pädophil veranlagte Jimmy Savile allerdings nicht die perfekte Wahl als Moderator …

DIE ZEHN GRÖSSTEN BROADWAY-PLEITEN

Eine Show am Broadway zu bekommen, ist so ziemlich das Größte, was man in der Theaterwelt erreichen kann. »Wenn du es dort schaffst, kannst du es überall schaffen«, heißt es im Frank-Sinatra-Klassiker »New York, New York«. Aber dafür muss man es halt erst einmal schaffen.

10. *Carrie* (1988)

Aufführungen: 5

Das gleichnamige Buch von Stephen King (das auch erfolgreich verfilmt wurde) auf die Bühne zu bringen, kostete 8 Millionen Dollar. Wie abzusehen war, gab es Probleme damit, Carries telekinetische Fähigkeiten adäquat auf der Bühne umzusetzen. Jede Menge Zeug schwebte an Fäden hin und her ... und brachte das Publikum zum Kichern. »Puppenspiel hat seinen Nutzen – Angst und Schrecken zu verbreiten, gehört aber gewiss nicht dazu«, schrieb David Richards in der *Washington Post*. Ach ja: Zusätzlich beschlossen die Produzenten auch noch, die Horrorgeschichte in ein Musical zu verwandeln. »Ein Tiefpunkt des Genres«, befand der *New Yorker*.

9. *Prymate* (2004)

Aufführungen: 5

Ein Stück über Wissenschaftler, die sich um einen Gorilla streiten. »Liebhaber theatralischer ›Das ist so schlecht, das muss ich sehen‹-Katastrophen sollten sich auf den Weg ins Longacre Theater machen, und zwar schnell, um *Prymate* noch zu erwischen«, riet *Variety*. Nicht jeder schaffte es noch rechtzeitig.

8. *Bring Back Birdie* (1981)

Aufführungen: 4

Der Nachfolger von *Bye Bye Birdie*, das 1961 erfolgreich gelaufen war. 20 Jahre danach interessierte das allerdings niemanden mehr. »Deprimierend und müde«, schrieb die *New York Times*.

7. *The Apple Doesn't Fall* (1996)

Aufführungen: 1

Eine Story, die laut *Variety* »vor abgekarteten Spielen nur so trieft«. Eine Sitcom-Autorin stellt fest, dass ihre Mutter Alzheimer hat und meldet sie für eine Medikamentenstudie an. Ekligerweise verliebt sie sich dann auch noch in den Arzt ihrer Mutter. »Grässlich«, senkte die *New York Times* den Daumen.

6. *Kelly* (1965)

Aufführungen: 1

Eine Interpretation der Geschichte Steve Brodies, der 1886 von der Brooklyn Bridge sprang und überlebte. »Eine schlechte Idee, die schiefgeht«, schrieb Walter Kerr über die Vorstellung. Noch vor der Premiere hatten die Autoren die Produzenten bereits vor Gericht gezerrt. Eine der Hauptfiguren wurde in letzter Minute aus dem Stück getilgt. Die *New York Times* beglückwünschte die betreffende Darstellerin dafür, auf diese Weise jegliche Beteiligung an dieser Farce verneinen zu können.

5. *Oldest Living Confederate Widow Tells All* (2003)
Aufführungen: 1

Ein Solostück, das auf dem 700 Seiten langen Roman von Allan Gurganus über eine 99-jährige Frau, die über ihre Ehe mit einem Veteranen des amerikanischen Bürgerkriegs sinniert (deutscher Titel des Werks: *Die älteste noch lebende Rebellenwitwe erzählt*). In den Vorabkritiken wurde das Stück in der Luft zerrissen und nachdem das Stück nach der Premierenvorstellung abgesetzt wurde, titelte *Playbill*: »Die älteste Rebellenwitwe ist verstummt.«

Den zweiten Platz teilen sich:

2. *First One Asleep Whistle* (1966)

2. *Father's Day* (1971)

2. *I Won't Dance* (1981).
Für alle drei gilt: Aufführungen: 1

Alle drei Stücke wurden von Oliver Hailey geschrieben, den die *New York Times* als den »am meisten produzierten und am wenigsten erfolgreichen Dramatiker am Broadway« bezeichnete. Er scheint seine Fehlschläge gut weggesteckt zu haben. Seine Frau erzählte, er habe gesagt: »Wenigstens liefen sie den ganzen Abend.«

1. *Moose Murders* (1983)
Aufführungen: 1

Eine mysteriöse Farce, bei der es unter anderem um Inzest geht und um einen Mann, der einen Elch dahin tritt, wo es wehtut. Das anwesende Publikum war verblüfft. »Diejenigen unter uns, die das Stück miterlebten, das gestern Abend im Eugene O'Neill Theater Premiere hatte, werden sich zweifelsohne zu regelmäßigen Treffen versammeln, ganz in der vornehmen Tradition der *Titanic*-Überlebenden«, schrieb die *New York Times*. Und noch 25 Jahre nach der von einem raschen Aus gefolgten Premiere befand die Zeitung, *Moose Murders* sei »die Messlatte an Schrecklichkeit, an der sich alle Broadway-Flops messen lassen müssen«.

DIE ZEHN SCHLIMMSTEN FILME ALLER ZEITEN (LAUT METACRITIC)[1]

Metacritic hatten wir vorhin schon bei den schlechtesten Alben aller Zeiten, aber die Website befasst sich auch mit Filmen. Auch hier gilt, dass mindestens sieben Rezensionen vorliegen müssen, und auch hier sind überdurchschnittlich viele Filme vertreten, die nach dem Aufkommen des Internets erschienen sind. Also fehlt Ed Wood. Was *Der menschliche Tausendfüßler* nicht weniger furchtbar macht. Die Punkte reichen von 0 bis 100. (Am anderen Ende der Skala stehen übrigens *Citizen Kane*, *Der Pate*, *Das Fenster zum Hof*, *Casablanca*, *Boyhood* und *Drei Farben: Rot*. Sie alle haben 100 Punkte.)

10. *Die Windel-Gang* (1999),

Regie: Bob Clark,

Punkte: 6

Handlung: Zwei Ärzte knacken den Code hinter Babysprache. Wie sich herausstellt, sind die kleinen Windelscheißer alles Genies und arbeiten daran, die Weltherrschaft zu übernehmen.

Auszug aus einer Rezension: »Ein furchtbarer, ganz furchtbarer Film, der einem schon nach dem Vorspann auf den Wecker geht.« Nathan Rabin, *The Onion AV Club*

....

1 Stand vom 17. Mai 2018, http://www.metacritic.com/browse/movies/score/metascore/all/filtered?page=111.

9. *National Lampoon's Gold Diggers* (2004),
Regie: Gary Preisler,

Punkte: 6

Handlung: Zwei furchtbare Männer heiraten alte Damen, damit sie deren Vermögen erben können.

Auszug aus einer Rezension: »So ausgiebig uninteressant, dass man es dem Publikum verzeihen würde, sollte es scharenweise aus den Kinos strömen und Gary Preisler, den Regisseur und Autor, im Schlaf erwürgen.« Tim Appelo, *LA Weekly*

8. *The Human Centipede III (Final Sequence)* (2015),
Regie: Tom Six,

Punkte: 5

Handlung: Ein Gefängnisdirektor versucht einen knallharten Gouverneur zu beeindrucken, indem er Insassen zusammennäht, und zwar Mund an Hintern.

Auszug aus einer Rezension: »Sie hassen Filme und finden sexuelle Gewalt lustig? Dann sollte *The Human Centipede III: Final Sequence* genau Ihr Ding sein.« Robert Abele, *LA Times*

7. *Vulgar* (2002),
Regie: Bryan Johnson,

Punkte: 5

Handlung: Ein Clown hat nicht viel Erfolg damit, Kinder zu amüsieren, also fängt er an, auf Junggesellenabschieden Zoten zu reißen.

Auszug aus einer Rezension: »Hat seinen Platz in der Liste der schlimmsten Filme des Jahres bereits sicher und dürfte den einen oder anderen Albtraum nach sich ziehen. Bryan Johnsons *Vulgar* ist eine furchtbare Studie in Selbstzerstörung und Publikumszerstörung, die in keine Schublade passt.« Mark Holcomb, *Village Voice*

6. *Strippers* (2000),

Regie: Jorge Ameer

Punkte: 2

Handlung: Einem Werbemanager wird alles genommen, was er besitzt. Inklusive seines Lebens.

Auszug aus einer Rezension: »Unfassbar schreckliche Verschwendung von Zelluloid.« V.A. Musetto, *New York Post*

5. *Hillary's America: The Secret History of The Democratic Party* (2016)

Regie: Bruce Schooley und Dinesh D'Souza

Punkte: 2

Handlung: Hillary Clinton ist böse, denn es waren die Republikaner, die während des Bürgerkriegs vor über 150 Jahren die Sklaverei abgeschafft haben.

Auszug aus einer Rezension: »Das cineastische Gegenstück zu einem Besoffenen, der unaufgefordert in einer Sportbar scharfe Chilis in ganzen Stücken in sich hineinstopft und dafür auf Applaus hofft.« Jordan Hoffman, *Guardian*

4. *The Singing Forest* (2003),
Regie: Jorge Ameer[1]

Punkte: 1

Handlung: Ein schwules Pärchen, das während des Holocausts ermordet wurde, wird wiedergeboren. Der eine wird der Liebhaber der Tochter des anderen. (Ernsthaft. Das ist die Story. Wie gerne würde ich jetzt sagen, dass ich mir das gerade ausgedacht habe!)

Auszug aus einer Rezension: »Der Unterhaltungswert tendiert – absichtlich oder unabsichtlich – gen null … Die Probleme ziehen sich durch sämtliche Abteilungen.« Dennis Harvey, *Variety*

3. *United Passions* (2015),
Regie: Frédéric Auburtin,

Punkte: 1

Handlung: Der Weltfußballverband FIFA finanziert einen Spielfilm, der die Genialität der FIFA und ihres in Ungnade gefallenen Präsidenten Sepp Blatter rühmt.

Auszug aus einer Rezension: »Cinematologisch ist es Exkrement. Als Beleg für die Durchgeknalltheit eines Unternehmens ist es eine wertvolle Fallstudie.« Jordan Hoffman, *Guardian*

---

1 Ja, trotz *Strippers* durfte er weiter Regie führen.

2. *Bud und Doyle – Total Bio, garantiert schädlich* (1996)

Regie: Jason Bloom

Punkte: 1

Handlung: Zwei Kiffer auf einem Roadtrip. Sie halten für eine Pinkelpause in einer Shoppingmall, nur handelt es sich gar nicht um ein Einkaufszentrum, sondern um eine Kuppel voller Wissenschaftler, die gerade für ein Jahr hermetisch abgeriegelt werden soll. Die folgende Komödie der Irrungen dauert übrigens gefühlt auch ein Jahr.

Auszug aus einer Rezension: »Übelriechend … eine Nonstop-Anhäufung von Schwachsinn« Hal Hinson, *Washington Post*

1. Chaos (2005)

Regie: David DeFalco

Punkte: 1

Handlung: Zwei Teenage-Mädchen auf dem Weg zu einem Rave irgendwo auf dem Land werden gefoltert und getötet.

Auszug aus einer Rezension: »Was als Geschichte mit Moral gedacht war, wird bestenfalls dazu führen, dass man sich als Zuschauer nie wieder ein derart beleidigend schlechtes Beispiel für ausbeuterischen Müll antun wird, der von David DeFalco ›erdacht‹ wurde.« Laura Kern, *The New York Times*

DIE ZEHN GRÖSSTEN KASSENFLOPS

Hollywood muss sich immer wieder den Vorwurf gefallen lassen, zu wenig Risiken einzugehen. Aber angesichts von Verlustgeschäften wie diesen hier kann man es verstehen, wenn die Leute, die an den Geldhähnen sitzen, nervös sind.

10. *Supernova* (2000)
Inflationsbereinigtes Minus: 118 Millionen Dollar
(damals: 83 Millionen Dollar)

9. *Stealth – Unter dem Radar* (2005)
Inflationsbereinigtes Minus: 120 Millionen Dollar
(damals: 96 Millionen Dollar)

8. *Heaven's Gate* (1980)
Inflationsbereinigtes Minus: 120 Millionen Dollar
(damals: 40,5 Millionen Dollar)

7. *Alamo – Der Traum, das Schicksal, die Legende* (2004)

Inflationsbereinigtes Minus: 122 Millionen Dollar
(damals: 94 Millionen Dollar)

6. *John Carter: Zwischen zwei Welten* (2012)
Inflationsbereinigtes Minus: 130 Millionen Dollar
(damals: 122 Millionen Dollar)

5. *Final Fantasy – Die Mächte in dir* (2001)
Inflationsbereinigtes Minus: 130 Millionen Dollar
(damals: 94 Millionen Dollar)

4. *Pluto Nash – Im Kampf gegen die Mondmafia* (2002)
Inflationsbereinigtes Minus: 131 Millionen Dollar
(damals: 96 Millionen Dollar)

3. *Titan A.E.* (2000)
Inflationsbereinigtes Minus: 142 Millionen Dollar
(damals: 100 Millionen Dollar)

2. *Die Piratenbraut* (1995)
Inflationsbereinigtes Minus: 143 Millionen Dollar
(damals: 89 Millionen Dollar)

1. *Sinbad – Der Herr der sieben Meere* (2003)
Inflationsbereinigtes Minus: 166 Millionen Dollar
(damals: 125 Millionen Dollar)

DIE ZEHN SCHLIMMSTEN SIDEKICKS DER FILMGESCHICHTE

Hier muss man nicht lang überlegen.

10. Jar-Jar Binks

9. Jar-Jar Binks

8. Jar-Jar Binks

7. Jar-Jar Binks

6. Jar-Jar Binks

5. Jar-Jar Binks

4. Jar-Jar Binks

3. Jar-Jar Binks

2. Jar-Jar Binks

1. Jar-Jar Binks

DIE ZEHN SCHLIMMSTEN OSCAR-FILME

Der Oscar für den Besten Film sollte doch eigentlich das höchst-
mögliche Lob sein, das man einem Film aussprechen kann. Was
aber haben dann diese Gurken hier zu suchen?

10. *Jenseits von Afrika* (1985)
Mitte der 1980er-Jahre war die Oscar-Akademie ganz vernarrt
darin, unangenehm herablassende Geschichten über das Leben
im British Empire mit Auszeichnungen zu überschütten. Das
hier ist eines der längsten und langsamsten Beispiele aus dieser
Reihe. Nicht einmal Meryl Streep und Robert Redford können
dafür sorgen, dass dieser Film interessant wird.

9. *In 80 Tagen um die Welt* (1956)
Über 40 Filmstars haben in diesem aufwändig produzierten Mo-
numentalfilm einen Kurzauftritt. Ganz genau. Über 40. Und wie
sich herausstellt, waren Kurzauftritte von Promis schon in den
1950er-Jahren keine besonders gute Idee. Schlimmer wird es
noch dadurch, dass man bei einem Großteil der Figuren, die in
diesem schier endlosen alten Schinken mitspielen, heutzutage
gar nicht mehr weiß, warum sie je berühmt waren.

8. *Der große Ziegfeld* (1936)
Sagt Ihnen nichts? Damit stehen Sie gewiss nicht alleine da. Diesen Film sehen sich heutzutage nur noch wenige Menschen an,
und das hat auch seine Gründe. Er gilt inzwischen als zu pom-
pös, zu lang und zu wenig spannend. Historisch interessant wird
er dadurch, dass er in den 1930er-Jahren als einer der besten
Filme überhaupt angesehen wurde. Heute trägt er höchstens

dazu bei, die Frage zu beantworten, ob die Filme früher noch schlechter waren als heute. Ja, waren sie.

7. *Kavalkade* (1933)

Drama über vornehme englische Leutchen und ihre gewitzte Dienerschaft. Es war der Auftakt für eine furchtbare britische Leinwandtradition: Die Verherrlichung von Klassenunterschieden und der ach so mythischen Vergangenheit. Die Tradition also, die uns *Downton Abbey* und den Brexit bescherte.

6. *Ben-Hur* (1959)

Rechnet man das Wagenrennen heraus, ist dieser Film furchtbar. 200 Minuten vollgestopft mit scheinheiligem religiösem Drama.

5. *Der mit dem Wolf tanzt* (1990)

Wenn Sie darauf stehen, dass Kevin Costner übertrieben schauspielert, haben Sie hier das große Los gezogen. Satte drei Stunden lang wird der Vokuhila geschüttelt. Wenn Sie allerdings nicht auf herablassende Darstellungen amerikanischer Ureinwohner stehen (oder auf Filme, die fast so doof sind wie ihr Titel), werden Sie nicht ganz so zufrieden sein.

4. *The Broadway Melody* (1929)

The Broadway Melody war eine der allerersten Musical-Komödien. Heute mag sie als furchtbares Machwerk gelten, damals war sie bei Kritikern und Publikum gleichermaßen ein Riesenerfolg – und stellte den Auftakt dar für die lange und schmerzhafte Tradition, Hollywood-Musicals zu Unrecht in den Himmel zu loben und mit Aufmerksamkeit zu überschütten. Im Grunde geht es ja schon damit los, dass diese Filme überhaupt produziert werden. Man stelle sich das bloß vor – ohne diesen Film wären uns Sachen wie *The Greatest Showman* und *Annie* möglicherweise erspart geblieben.

3. *Shakespeare in Love* (1998)

Schön, es geht um Shakespeare. Aber das heißt nicht automatisch, dass es auch clever ist. Ein Teil der Story dreht sich darum, wie Shakespeare sich abmüht, die Geschichte für *Romeo und Julia* zu definieren, dabei haben wir alle doch in der Schule gelernt, dass er schlicht eine bestehende Geschichte überarbeitet hat. Der Rest ist eine Lovestory, die dermaßen vor Kitsch trieft, dass man darin ein gesamtes Rugbyteam ertränken könnte.

2. *Titanic* (1997)

Das Schiff sinkt. So, jetzt hab ich's verraten und Sie müssen nicht mehr drei Stunden lang Theatralik, Schund und herablassende Aufführungen irischer Tänze über sich ergehen lassen.

1. *Braveheart* (1995)

Es gibt kein Gesetz, wonach Filme akkurat sein müssen, aber man sollte doch meinen, dass es der Filmakademie hätte auffallen müssen, dass in Mel Gibsons Darstellung der Schlacht von Stirling Bridge die Brücke fehlt, oder? Schlimmer noch: *Braveheart* ist möglicherweise der rassistischste Film, der je einen Oscar gewonnen hat und das will schon etwas heißen. Die grassierende Fremdenfeindlichkeit mag sich hier gegen die als Bösewichte stets gern genommenen Engländer richten, aber das macht es ja nicht weniger angenehm.

DIE ZEHN
SCHLIMMSTEN FILMZITATE

Ein guter Einzeiler kann ein schlechtes Drehbuch ordentlich auf-werten. Aber auf einen guten Einzeiler können wir hier lange warten.

10. »*A bird may love a fish, signore, but where will they live?*«

»Ein Vogel mag ja einen Fisch lieben, Signore, aber wo wer-den die beiden leben?« Diese Frage, die eine ganze Reihe Nachfragen nach sich zieht, stellt Danielle in *Auf immer und ewig* (1998).

9. »*It's a pressure valve. It won't open unless there's tremen-dous pressure.*«

»Das ist ein Druckventil. Es öffnet sich nur unter gewalti-gem Druck.« Robert Ramsey spricht in *Poseidon* (2006) knallharte Wahrheiten aus.

8. »*They're aiding the return of the Dark Lord so he can slaughter billions and enslave the survivors to serve him in a new age of Magic. They're Inferni. They destroyed the Illuminati a hundred years ago. I too am Inferni, but I escaped. The Shield of Light hid me. Liela gave an assassin her wand to kill me. But I got the wand from her. Keep it away from Liela. She mustn't get her wand back. With it she can restore the Dark Lord's power.*«

»Sie helfen dem Dunklen Lord zurückzukehren, damit er Milliarden abschlachten und die Überlebenden versklaven kann, auf dass sie ihm in einem neuen Zeitalter der Magie dienen. Sie sind die Inferni. Sie haben vor 100 Jahren die Illuminaten vernichtet. Auch ich bin Inferni, aber ich bin entkommen. Das Lichtschild verbarg mich. Liela gab einer Assassinin ihren Zauberstab, damit sie mich tötet. Aber ich habe ihr den Zauberstab abgenommen. Halte ihn von Liela fern. Sie darf den Zauberstab nicht zurückbekommen. Mit seiner Hilfe kann sie dem Dunklen Lord seine Macht zurückgeben.«

Tikka erklärt und erklärt in *Bright* (2017), was Sache ist. Und erklärt.

7. *»Inspector Clay is dead, murdered, and somebody's responsible.«*

»Inspektor Clay ist tot, ermordet, und jemand ist dafür verantwortlich.«

Lieutenant John Harper kombiniert rasiermesserscharf in *Plan 9 aus dem Weltall* (1959).[1]

6. *»We finally got to the boat ... But it wasn't there.«*

»Schließlich gelangten wir zu dem Boot ... aber es war nicht da.«

....

1 Ed Woods »Meisterwerk« schenkte uns auch diese Weisheit: »Sei gegrüßt, Freund. Wir sind alle an der Zukunft interessiert, denn dort werden du und ich den Rest unseres Lebens verbringen. Und vergiss nicht, mein Freund, künftige Ereignisse wie diese werden sich auf deine Zukunft auswirken.«

Entschuldigung, Rudy aus *House of the Dead* (2003), aber das ist nicht logisch.

5. »*Pain don't hurt.*«

»*Schmerz tut nicht weh.*«

Und das stimmt schon mal gar nicht, Dalton aus *Road House* (1989).

4. »*At least he won't be using heroin-flavoured bananas to finance revolution.*«

»*Wenigstens verwendet er zur Finanzierung seiner Revolution keine Bananen mit Heroingeschmack.*«

James Bond kann – so wie hier in *Goldfinger* (1964) – aber auch allem etwas Positives abgewinnen.

3. »*I don't like sand. It's coarse and rough and irritating and it gets everywhere.*«

»*Sand mag ich nicht. Er ist grob und rau und reizt und er dringt überall ein.*«

Lieber Anakin Skywalker, hast du in *Star Wars: Episode II – Angriff der Klonkrieger* (2002) wirklich keine anderen Sorgen?

2. »*Your eyes are amazing, do you know that? You should never shut them, not even at night.*«

»*Deine Augen sind unglaublich, weißt du das? Du solltest sie niemals schließen, nicht einmal nachts.*«

Paul Martels Anmache in *Untreu* (2002) schlägt einem sofort auf den Magen. Ganz abgesehen davon ist es aus medizinischer Sicht nicht die beste aller Ideen.

1. *»I like nice tits. I always have, how about you?«*

»Ich mag schöne Titten. Mochte ich schon immer. Und du?«

Cristal Connors mit einem der intellektuellen Höhepunkte von *Showgirls* (1995).

DIE SCHLIMMSTEN SEXSZENEN IM FILM

Zehn Szenen, bei denen das Publikum in den Kinosälen unruhig wurde – aber leider nicht so wie gedacht.

10. *Basic Instinct – Neues Spiel für Catherine Tramell* (2006)

Stan Collymore und Sharon Stone geraten in Stimmung, aber leider zu einem völlig unpraktischen Zeitpunkt, nämlich während sie in einem Sportwagen durch Canary Wharf in London rasen. Zum Glück sind die Straßen angenehm leer, aber dennoch fällt es schwer, sich nicht von der Sorge um unschuldige Passanten ablenken zu lassen.

9. *Body of Evidence* (1993)

Das Dach eines geparkten Autos ist als Ort für Liebesspiele aus Sicherheitsgründen durchaus empfehlenswerter als ein fahrendes Fahrzeug. Und trotzdem: Irgendwie wird die ganze Annäherung von Willem Defoe und Madonna lachhaft und blöd, wenn Madonna eine Glühbirne auf besagtem Dach zerschlägt und Defoe dann auffordert, sich auf dem Dach herumzuwälzen.[1] Diese Szene verhalf ihr zur Goldenen Himbeere als schlechteste Schauspielerin.

8. *Showgirls* (1995)

Auch hier findet sich eine Szene, die mit einer Goldenen Himbeere prämiert wurde. Dieses Mal traf es die unglückliche Elizabeth

....

[1] Warum sie zum Sex eine Glühbirne mitgebracht hat? Ich weiß es doch auch nicht.

Berkley, die sich mit Kyle MacLachlan im Pool tummelt. Schlimm genug, dass »Agent Cooper« sich körperlichen Vergnügungen hingab, auch dass sich Berkley auf MacLachlans Haken wand wie ein Fisch in den letzten Zügen, kam beim Publikum nicht an. Es ist eine dieser Szenen, die man wirklich sehen muss, um sie zu glauben, anderseits sind die psychischen Spätfolgen es nicht wert.

7. *The Counselor* (2013)

Ist es immer noch nicht klar, dass Sexszenen und Autos keine gute Kombination sind? Cameron Diaz reibt sich untenrum an der Windschutzscheibe eines Ferrari, während Javier Bardem sie aus dem Wagen heraus begafft. Vom Verband der Filmjournalistinnen wurde sie dafür mit dem nicht sehr prestigeträchtigen Preis »Schauspielerin, die am dringendsten einen neuen Agenten benötigt« ausgezeichnet.

6. *The Room* (2003)

Schauspieler und Regisseur Tommy Wiseau erklärt in dem Buch *The Disaster Artist*: »Ich muss meinen Hintern zeigen, sonst verkauft sich dieser Film nicht.« Was die Vielzahl langer und verstörender Aufnahmen seiner zuckenden Hinterbacken erklärt. Nicht erklärt wird dadurch, warum es in mehreren Einstellungen so aussieht, als habe er Sex mit dem Bauchnabel einer jungen Frau. Ich habe mal gelesen, dass es eigentlich anders geht.

5. *München* (2005)

Während er dem Geschlechtsverkehr frönt und dabei wie eine Kuh röhrt, die sich verlaufen hat, wird Eric Banas Rolle von Erinnerungen an das Massaker von München überkommen. Während sich Bana seinem schreiend lauten Höhepunkt nähert, werden die Flashbacks immer blutiger, aber die Wirkung ist viel lächerlicher als dramatisch. Ohne Frage haben wir hier den Tiefpunkt in der Regiearbeit von Steven Spielberg vor uns.

4. *Taking Lives – Für dein Leben würde er töten* (2004)
Angelina Jolie und Ethan Hawke geben auf einer Kommode das Tier mit den zwei Rücken. Als ob das allein nicht schon anspruchsvoll genug wäre, spielt Ethan Hawke den Kunstturner auch noch vollständig bekleidet. Angelina Jolie wiederum ist völlig nackt. Eine unbeabsichtigte Parodie auf die ungerechte Dynamik des Filmgeschäfts?

3. *Gigli* (2003)
»Es ist Truthahnzeit«, sagt Jennifer Lopez, woraufhin Ben Affleck stellvertretend für uns alle erwidert: »Hä?« »Stopf, stopf«, erwidert J-Lo und als wäre das nicht schlimm genug, legt sie noch nach: »Gib mir etwas von deiner süßen Heterozunge.«

2. *Howard – ein tierischer Held* (1986)
Wo wir es gerade mit Geflügel haben … Es will doch wohl wirklich niemand hören, wie eine Cartoon-Ente ihre Wertschätzung für die »weibliche Version der menschlichen Anatomie« zum Ausdruck bringt. Und erst recht will niemand dabei zusehen, wie besagte Ente mit Lea Thomson in die Kiste steigt und anfängt, »es ihr zu besorgen«.

1. *Avatar* (2009)
Zwei vier Meter große blaue Cartoon-Humanoiden … Ach, das reicht doch an Informationen eigentlich schon, finde ich.

DIE ZEHN ALBERSTEN PLOTS ROMANTISCHER KOMÖDIEN

Es gibt Leute, die sagen, dass romantische Komödien eine sehr anspruchsvolle Kunstform sind und von den Kritikern nie so recht die Wertschätzung erhalten, die sie verdienen. Es gibt aber auch Leute, die sich diese Handlungsstränge ansehen und sich fragen, was zur Hölle mit diesen anderen Leuten nicht stimmt.

10. *Die wilden Weiber von Tennessee* (1964)
Elvis Presley spielt hier einen Luftwaffenoffizier und dessen Cousin, der ein echtes Landei ist. Der Originaltitel *Kissin' Cousins* ist irreführend, denn der King küsst sich hier nicht selbst. Stattdessen verknallt sich der Air-Force-Elvis in eine wunderschöne Hillbilly-Braut, während der Hillbilly-Elvis sich in ein weibliches Mitglied der Air Force verliebt. Alles läuft aus dem Ruder und es folgen jede Menge »lustiger« Verwechslungen.

9. *Mein Liebling, der Tyrann* (1997)
Das Geschäft einer New Yorker Kosmetikerin brennt nieder, nachdem eine Schülerin mit einer Zigarette Haarspray entzündete. Als man ihr anbietet, die Kinder eines osteuropäischen Diktators zu unterrichten (eine Verwechslung; ist eine lange Geschichte), nimmt sie an. Ab da wird es albern (wie, »ab da«?!): Sie verliebt sich in den Diktator, der Diktator findet es auf einmal voll doof, sein Volk zu terrorisieren, die beiden (also Kosmetikerin und Diktator, nicht Diktator und Volk) kommen zusammen und eine neue Demokratie erblickt das Licht der Welt. Das passiert halt, wenn man sich einen lustigen Filmtitel ausdenkt (der

Originaltitel lautet *The Beautician and the Beast)* und sich dann krampfhaft eine halbwegs dazu passende Handlung ausdenkt.[1]

8. Grease 2 (1982)

Sandys englischer Cousin… Ja, genau. Ihr Cousin. Aus England. Der im ersten Film mit nicht einer Silbe erwähnt wurde. Und nur deshalb auftritt, weil der Großteil der ursprünglichen Besetzung auf diesen Unfug keine Lust hatte. Sei's drum: Sandys englischer Cousin kommt an die Rydell High. Für die Chefin der Pink Ladies ist sein Nerd-Faktor etwas zu hoch, also wird er ein »cooler« Biker. Das jedoch macht er in Verkleidung, vergisst dabei aber ständig, der Dame seines Herzens von seinem Leben als Rebell zu erzählen. Im Biologie-Unterricht werden Lieder über die Fortpflanzung angestimmt und ein paar böse Jungs, die Cycle Lords, geraten immer wieder mit Sandys Cousin aneinander. Dann gibt es noch Lieder über Hula. Und irgendwann ist dann endlich endlich endlich Schluss.

7. *Wo die Liebe hinfällt …* (2005)

Jennifer Aniston spielt eine Frau, die erfährt, dass ihre Mutter und ihre Großmutter als Vorlage für den Film *Die Reifeprüfung* dienten. Außerdem hat ihre Mutter kurz vor ihrer Hochzeit mit einem Kerl namens Beau geschlafen, der von Kevin Costner gespielt wird und höchstwahrscheinlich ihr Vater ist. Also macht sie sich auf die Suche nach ihm. Und schläft mit ihm. Und das Schlimmste daran: Erst nach diesem vermeintlichen Akt des Inzests läuft der Film so richtig aus dem Ruder …

·····················

1 Jaja, ich weiß, der Begriff »lustig« wird hier sehr lose verwendet.

6. *Umständlich verliebt* (2010)

Jennifer Aniston (willkommen zurück) spielt eine Frau, die sich künstlich befruchten lassen möchte. Ihr bester Freund Wally schüttet allerdings den Becherinhalt weg und befüllt den Becher stattdessen mit Eigenproduktion. Also bekommt Aniston nicht das Kind des Mannes, mit dem sie ein Baby haben wollte, sondern Wallys Kind. Wally gesteht ihr schließlich, was er getan hat. Wie reagiert Aniston? Sie heiratet ihn trotzdem.

5. *Meine erfundene Frau* (2011)

Die arme alte Jennifer Aniston zum dritten. Hier muss sie nun so tun, als wolle sie unbedingt mit Adam Sandler ins Bett. Auch Brooklyn Decker will ihm an die Wäsche. Ja, Sie haben richtig gelesen, wir reden über Adam Sandler. Dinge gibt es …

4. *Mannequin 2 – Der Zauber geht weiter* (1991)

Kirsty Swanson spielt ein Bauernmädchen, das vor 1000 Jahren von einem Zauberer mithilfe einer magischen Halskette in eine Schaufensterpuppe verwandelt wurde. Sprung ins Hier und Jetzt, wo sie in ein Schaufenster gestellt wird. Ein Typ namens Jason (gespielt von William Ragsdale) entfernt die Halskette und erweckt sie so zum Leben. Schon bald zeigt sich, dass er von einem Prinzen abstammt. Aber Vorsicht: Auch ein Nachkomme des Zauberers ist noch am Start und will mit dem Bauernmädchen und der Halskette auf die Bermudas fliehen. Nein, ernsthaft, ich will Sie nicht veralbern, das ist tatsächlich die Handlung.

3. *Ohne Worte* (2001)

Heather Graham und Chris Klein spielen Jungverliebte, die glauben, sie seien Bruder und Schwester. Dieses eklige Ausgangsszenario wird dann bis auf den letzten vermeintlichen Gag gemolken. Die Ausbeute ist allerdings mau. Chris Klein fuhrwerkt im Hintern einer Kuh herum. Das sagt doch schon alles über diesen Film.

2. *Schuld daran ist Rio* (1984)

Was man *Ohne Worte* zugutehalten muss, ist, dass sich der Film wenigstens nicht mit den amüsanten Seiten der Borderline-Pädophilie befasst. Ganz anders *Schuld daran ist Rio*: Zwei Väter in mittleren Jahren schlafen mit der Teenagertochter des jeweils anderen. Eine der Töchter stopft sich dann mit Antibabypillen voll, weil sie sich umbringen will. Und das ist noch nicht einmal der Tiefpunkt dieses Machwerks.

1. *The Hottie and the Nottie – Liebe auf den zweiten Blick* (2008)

Paris Hilton ist sehr attraktiv, aber leider immer noch Single, weil sie ständig mit ihrer Freundin herumhängt, die alles andere als ansehnlich ist. Männer wenden sich erschrocken ab von ihr. Bis sie sich ordentlich herausputzt und – oh! ah! – schlagartig doch total heiß ist. Deshalb bekommt auch sie eine Portion Glück ab. Der Kritiker Mark Kermode sprach von einem »widerwärtigen ... faschistisch-eugenischen Traktat«.[1] Und das ist eigentlich ein noch zu freundliches Urteil.

....

1 Man kann guten Gewissens behaupten, dass die Kritiker diesen Film nicht mochten. *The Village Voice* fand Formulierungen wie »krass, schrill, verschlagen, schäbig, kleinlich, vulgär, idiotisch, langweilig, schludrig, halbgar und sehr, sehr unkomisch«. Connie Ogle schrieb im *Miami Herald*: »Denken Sie an den schlechtesten Film, den sie je gesehen haben. Okay? Jetzt versuchen Sie, sich etwas vorzustellen, was noch schlechter ist. Dieses Etwas ist dieser Film – jämmerlich, peinlich und für alle Beteiligten eine komplette Verschwendung von Zeit und Energie.«

KAPITEL 4

ZUR LAGE DER NATION

Hier möchte ich Ihnen bei der Entscheidungsfindung helfen, bevor Sie in die große, weite Welt hinausziehen. Anhand dieser Fakten und Zahlen können Sie abwägen: Wo will ich definitiv nicht hin, wo will ich ganz bestimmt nicht leben?

DIE TEUERSTEN STÄDTE DER WELT FÜR EIN PINT BIER

Grundlage war die Erhebung *Mapping the World's Prices*, die die Deutsche Bank 2017 erstellt hat. Preise sind zum damals gültigen Wechselkurs in US-Dollar umgerechnet.

Sehen wir es mal positiv: Endlich haben wir auch mal einen Grund, nicht nur neidisch auf die Norweger zu sein, sondern sie auch zu bedauern.

10. Auckland, Neuseeland: 6,50 Dollar

9. Melbourne, Australien: 6,70 Dollar

8. Zürich, Schweiz: 6,70 Dollar

7. Stockholm, Schweden: 6,90 Dollar

6. Paris, Frankreich: 7,20 Dollar

5. Boston, USA: 7,20 Dollar

4. New York City, USA: 7,40 Dollar

3. Hongkong, China: 7,70 Dollar

2. Singapur: 9 Dollar

1. Oslo, Norwegen: 9,90 Dollar

DIE SCHLIMMSTEN REISEZIELE

Laut *World Economic Forum Travel & Tourism Competitiveness Index 2017* sind das hier die zehn am wenigsten konkurrenzfähigen Reisedestinationen.[1] Das WEF bewertet Länder nach Faktoren wie Sicherheit, Gesundheits- und Hygienerisiken, umweltpolitische Nachhaltigkeit, Transportinfrastruktur und kulturelle Ressourcen. Erster wurde 2017 Spanien mit einem Wert von 5,43 – die Sonne scheint viel und das Essen ist toll. Am anderen Ende lag der Jemen: Bürgerkrieg, eine Invasion von Truppen aus Saudi-Arabien, gnadenlose Bombenangriffe.

10. Benin – 2,84

9. Lesotho – 2,84

8. Nigeria – 2,82

7. Mali – 2,78

6. Sierra Leone – 2,69

5. Mauretanien – 2,64

4. Demokratische Republik Kongo – 2,64

3. Burundi – 2,57

2. Tschad – 2,52

1. Jemen – 2,44

---

1 »Am wenigsten konkurrenzfähig« ist Bürokratensprech für »am schlimmsten«.

DIE ZEHN TEUERSTEN REISELÄNDER DER WELT

Im *World Economic Forum Travel & Tourism Competitiveness Index 2017* werden Reiseziele auf einer Skala bis 10 danach bewertet, wie teuer die Ticketgebühren und Flughafenabgaben sind, wie teuer die Hotels sind, wie groß die Kaufkraft ist und was Benzin kostet. Frohe Kunde für die Bewohner Londons: Dank des Brexits wird Großbritannien schon bald aus dieser Liste herausfallen. Die schlechte Nachricht: Die Menschen werden kein Geld mehr haben, um aus Europa zu verschwinden.

10. Peru – 3,83

9. Australien – 3,82

8. Dänemark – 3,75

7. Senegal – 3,75

6. Norwegen – 3,69

5. Island – 3,58

4. Israel – 3,13

3. Barbados – 3,05

2. Großbritannien – 2,83

1. Schweiz – 2,81

DIE US-STÄDTE MIT DEM SCHLIMMSTEN BEFALL AN BETTWANZEN

Diese Liste wurde im Januar 2018 von Orkin erstellt, einem Unternehmen für Schädlingsbekämpfung. Falls Sie sich fragen sollten, wie Sie Bettwanzen am besten wieder loswerden: Alles verbrennen. ALLES. Die Bettwäsche, die Möbel, die Kleidung, das Haus. Dann sammeln Sie die Asche ein, schießen sie ins All, beschießen sie dort mit Atomwaffen, holen sie zurück auf die Erde und verbrennen alles noch einmal.

10. Dallas	**5.** Columbus (Ohio)
9. San Francisco	**4.** Los Angeles
8. New York	**3.** Chicago
7. Detroit	**2.** Washington, DC
6. Cincinnati	**1.** Baltimore

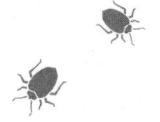

DIE SCHLIMMSTEN STÄDTE DER WELT FÜR PENDLER

Sie haben vermutlich das Gefühl, dass Ihre eigenen Erfahrungen mit dem tagtäglichen Arbeitsweg für diese Liste ausreichen. Schließlich ist das auch kein Zuckerschlecken und hat man den Hinweg erfolgreich absolviert, muss man auch noch dableiben und arbeiten. Keine Frage, Sie sind zu bedauern, aber vielleicht können Sie ja trotzdem ein wenig Mitgefühl für die armen Schweine aufbringen, die sich in den folgenden Städten tagtäglich ins Getümmel stürzen (müssen).

10. Moskau

Während der Hauptverkehrszeit fließt der Verkehr 44 Prozent langsamer als normalerweise, was Moskau zu einer der am stärksten verstopften Städte der Welt macht. Und der Blick nach links und rechts hebt die Stimmung meistens auch nicht, weil man in einem deprimierenden und gefährlichen Albtraum aus Beton feststeckt.

9. San Francisco

2014 wurde das Pendeln in San Francisco zu einer derart großen Qual, dass Demonstranten begannen, die privaten Luxusbusse, mit denen Arbeiter der großen Silicon-Valley-IT-Firmen[1] wie

....

1 Ganz in klassischer Manier der IT-Konzerne nutzten die Busse dieselben Haltestellen und dieselbe Infrastruktur wie die städtischen Busse (was zu Verspätungen und Staus beitrug), konnten aber von der Öffentlichkeit nicht genutzt werden. Und Gebühren an die Stadtverwaltung bezahlten die Firmen auch nicht. Außerdem zogen in der Nachbarschaft dieser Bushaltestellen die Hauspreise an. Mehr Menschen aus dem Silicon Valley zogen nach San Francisco, was dazu führte, dass nur noch mehr Steine geworfen wurden.

Google zur Arbeit gekarrt werden, mit Steinen zu bewerfen. Inzwischen pendeln zehn Prozent der Einwohner von San Francisco 90 Minuten oder länger pro Tag. Und in den zehn Jahren bis 2018 hat der Zeitaufwand für den Arbeitsweg um 17 Prozent zugenommen. Kein gesunder Wert.

8. Jakarta

400 Stunden im Jahr verbringt ein Pendler in Indonesiens Hauptstadt typischerweise im Stau und es gibt 1,38 Millionen von diesen durchschnittlichen Pendlern. Was bedeutet, dass Jahr für Jahr über 80 000 Lebenszeiten mit Herumstehen auf den Straßen der Stadt verschwendet werden.[2]

7. Mumbai

Die durchschnittliche Sommertemperatur in Mumbai beträgt rund 32 Grad Celsius, aber Temperaturen von über 40 Grad sind keine Seltenheit. Während der Monsunmonate Juli und August liegt die relative Luftfeuchtigkeit bei 86 Prozent. Die durchschnittliche Niederschlagsmenge beträgt 840 Millimeter.[3] Und jeden Tag quälen sich 12 Millionen Menschen durch diese Bedingungen.

6. Rio de Janeiro

Laut einer Befragung, die Expert Market 2018 durchführte, pendeln die Menschen in Rio durchschnittlich anderthalb Stunden

....

2 Falls Sie nachrechnen wollen: 400 x 1,38 Millionen = 552 Millionen. Ein durchschnittliches Menschenleben dauert 672 000 Stunden. (Denken Sie besser nicht allzu lang darüber nach. Das ist bloß Verschwendung kostbarer Lebenszeit.)

3 Am 26. Juli 2005 fielen innerhalb eines brutalen Tags 944 Millimeter.

zur Arbeit. Autofahrer stehen im Schnitt 51 Stunden jährlich im Stau.

5. Istanbul

2015 führte TomTom eine Verkehrsstudie durch und erklärte im Anschluss Istanbul zur am stärksten verstopften Stadt der Welt. Während der Hauptverkehrszeit dauere eine Fahrt mindestens doppelt so lang wie normal, so das Unternehmen. Und die Zeit, die man im Stau verbringe, summiere sich im Jahr auf 125 Stunden.

4. Ho-Chi-Minh-Stadt

In Vietnam gibt es 37 Millionen Motorräder und gefühlt sind alle davon im ehemaligen Saigon. Während der Rushhour drücken alle Mopedfahrer wie verrückt aufs Gas, um voranzukommen. Straße überqueren können Sie da vergessen.

3. Mexiko-Stadt

Tezcatlipoca war der örtliche Aztekengott in der Region, wo heute Mexiko-Stadt steht. Sein Name bedeutet »rauchender Spiegel« und er war der Herr über Zufall und Schicksal. Er war auch als Necoc Yaotl bekannt, der »Feind beider Seiten«. Unter seiner Herrschaft gab es keinerlei Gewissheiten und sein Einfluss ist bis heute sehr groß. Ein Beispiel: In vielen Straßen sind die Häuser nicht der Reihe nach durchnummeriert, stattdessen steht beispielsweise die Nummer 64 zwischen der 50 und der 4. In Mexikos Hauptstadt leben über 20 Millionen Menschen und sie besitzen mehr als vier Millionen Fahrzeuge. Bei alledem überrascht es nicht, dass das Pendeln schon mal über sechs Stunden dauern kann.

2. London

In keiner anderen europäischen Stadt sind die Pendler so gestresst wie in London, ergab 2015 eine Studie. Über 90 Prozent planen extra viel Zeit für den Weg zur Arbeit ein, weil es immer wieder zu Verzögerungen kommt. 49 Prozent der Befragten haben es mindestens einmal überhaupt nicht zur Arbeit geschafft.[1] Vom ständig schlechten Wetter, in dem man bei alledem unterwegs ist, war an dieser Stelle noch gar nicht die Rede. Und dann erst die Fahrkartenpreise …

1. Peking

An vielen Stationen gibt es Sicherheitskontrollen, was bedeutet, noch bevor man einen Fuß auf einen Bahnsteig gesetzt hat, steht man schon mit Tausenden anderen Menschen in einer Schlange.

....

1 In Auftrag gegeben wurde die Studie übrigens von Ford Europa.

Die Züge selbst sind dann während der Hauptstoßzeit unfassbar verstopft, denn Millionen Menschen machen sich auf den Weg zur Arbeit. Auf die Straße auszuweichen ist auch keine gute Idee, denn auf den Straßen in die Stadt hinein staut sich der Verkehr manchmal tagelang. Ja, ganz richtig – *tage*lang.

DIE WELTWEIT ZEHN TEUERSTEN STÄDTE FÜR NUTZER DES ÖPNV

Die Deutsche Bank hat für ihre Erhebung *Mapping the World's Prices 2017* ausgerechnet, was eine Monatskarte für den öffentlich-privaten Nahverkehr in US-Dollar kostet. Schlimm genug, dass man zur Arbeit gehen muss, aber dass man dann auch noch so viel Geld für dieses »Privileg« bezahlen darf, macht die ganze Angelegenheit gleich noch mal so schlimm.

10. Toronto, Kanada – 102,70 Dollar

9. Melbourne, Australien – 105,50 Dollar

8. Zürich, Schweiz – 106,20 Dollar

7. Sydney, Australien – 108,40 Dollar

6. Amsterdam, Niederlande – 108,60 Dollar

5. Tokio, Japan – 110,70 Dollar

4. New York City, USA – 117,70 Dollar

3. Auckland, Neuseeland – 122,90 Dollar

2. Dublin, Irland – 131,60 Dollar

1. London, Großbritannien – 174 Dollar

DIE STÄDTE MIT DER HÖCHSTEN UMWELTBELASTUNG

Die Weltgesundheitsorganisation hat diese Rangliste erstellt und dafür die durchschnittliche jährliche Belastung mit Feinstaub zwischen 2008 und 2015 herangezogen. Gemessen wurde die Feinstaubkonzentration[1] in Mikrogramm pro Kubikmeter. Alles über 10 Mikrogramm pro Kubikmeter gilt als unsicher. Was bedeutet, dass diese Liste nur ein weiterer Beleg dafür ist, wie gut die Menschheit darin ist, sich selbst auszurotten.

10. Baoding, China – 126

9. Xingtai, China – 128

8. Bamenda, Kamerun – 132

7. Raipur, Indien – 144

6. Patna, Indien – 149

5. al-Dschubail, Saudi-Arabien – 152

4. Riad, Saudi-Arabien – 156

3. Allahabad, Indien – 170

2. Gwalior, Indien – 176

1. Zabol, Iran – 217

....

1 Feinstaub sind winzige Tröpfchen in der Luft. Sie sind weniger als 2,5 Mikrometer groß, was bedeutet, dass sie in die Lunge eindringen können. So klein Feinstaub auch sein mag, so groß ist der Schaden, den er anrichten kann.

DIE ZEHN TRAURIGSTEN ORTE DER WELT

Also zumindest dem Namen nach…

10. Futile Lake, Kanada (Vergeblich-See)

9. Pointless Mountain, Kanada (Sinnlos-Berg)

8. Suicide Bridge Road, USA (Selbstmordbrücken-Straße)

7. Dead Horse Bay, USA (Die Bucht des toten Pferds)

6. Disappointment Island, Neuseeland (Insel der Enttäuschung)

5. Misery, Frankreich (Elend)

4. Boring, USA (Langweilig)

3. Mount Despair, USA (Berg der Verzweiflung)

2. Melancholy Waterhole, Australien (Wasserloch der Melancholie)

1. Shit, Iran

DIE ZEHN WAHLBEZIRKE MIT DEM HÖCHSTEN ZUSPRUCH ZUM BREXIT

Die Ergebnisse des landesweiten britischen Intelligenztests, durchgeführt im Juni 2016 und gemessen am Anteil der Wählerschaft, die für einen Ausstieg aus der EU stimmte.

10. North East Lincolnshire – 69,9 Prozent

9. East Lindsey – 70,7 Prozent

8. Bolsover – 70,8 Prozent

7. Mansfield – 70,9 Prozent

6. Fenland – 71,4 Prozent

5. Great Yarmouth – 71,5 Prozent

4. Thurrock – 72,3 Prozent

3. Castle Point – 72,7 Prozent

2. South Holland – 73,6 Prozent

1. Boston – 75,6 Prozent

DIE ZEHN LAUTESTEN STÄDTE

Der *Worldwide Hearing Index* wurde 2017 von Mimi Hearing Technologies erstellt. Der Hersteller digitaler Hörhilfen wertete Hörtests von 200 000 seiner Nutzer aus sowie Angaben der Weltgesundheitsorganisation und der norwegischen Forschungsorganisation SINTEF zu Lärmverschmutzung. Das beunruhigende Ergebnis: Zwischen durchschnittlichem Gehörverlust und Ausmaß der jeweiligen Lärmverschmutzung wurde ein 64-prozentiger Zusammenhang festgestellt.

10. Buenos Aires, Argentinien

9. Paris, Frankreich

8. Mexiko-Stadt, Mexiko

7. Barcelona, Spanien

6. Peking, China

5. Istanbul, Türkei

4. Mumbai, Indien

3. Kairo, Ägypten

2. Delhi, Indien

1. Guangzhou, China

KAPITEL 5

SPIEL UND SPASS

Man müsse das gemeine Volk mit »Brot und Spielen« ruhigstellen, hieß es bei den Eliten im alten Rom abschätzig. Die Idee dahinter: Hat der Plebs zu fressen und wird durch organisierte Spiele abgelenkt, fällt den Armen gar nicht auf, wie beschissen ihr Leben ist und sie kommen auch nicht auf die Idee, sich gegen die althergebrachten Machtverhältnisse aufzulehnen. Schon erstaunlich, wie wenig sich in den letzten 2000 Jahren verändert hat, oder? Der größte Unterschied: Wir sehen uns nicht mehr nachgestellte Seeschlachten und abgebrühte Gladiatoren an, sondern verfolgen, wie eine Horde Millionäre einem Fußball hinterher jagt. Wenn wir Glück haben …

DIE ZEHN FÜR DIE ZUSCHAUER LANGWEILIGSTEN SPORTARTEN

Sich Sport anzusehen, ist nicht immer ein uneingeschränktes Vergnügen. Wenn es tatsächlich eine so großartige Sache wäre, dann müssten doch nicht alle immer so viel dabei trinken, oder? Ein, zwei Bierchen können eine Partie Fußball durchaus etwas sehenswerter machen. Bei den Sportarten auf dieser Liste dagegen helfen wohl nur noch harte Drogen.

10. Segeln

9. Golf

8. Eishockey

7. Golf

6. Quidditch

5. Golf

4. Basketball

3. Golf

2. American Football

1. Golf

DIE ZEHN HÖCHSTEN LÄNDERSPIEL-NIEDERLAGEN IM HERRENFUSSBALL

Dieses Mal nur die Männer. Es war schon deprimierend genug, zuverlässige Statistiken zum Frauenfußball zu finden, der sich bis vor kurzer Zeit sehr, sehr schwer damit getan hat, von den Medien beachtet zu werden. Wenn es hoffentlich in einigen Jahren eine aktualisierte Version dieses Buchs gibt, dann werde ich hoffentlich auch mehr Informationen über Kantersiege der Frauen hier unterbringen können. Hoffentlich ist bald der Tag gekommen, an dem wir peinliche Auftritte von Frauenteams genauso genießen können wie die der Männer.

8. Jugoslawien – Venezuela 10:0 (1972)

8. Spanien – Tahiti 10:0 (2013)

8. Bahrain – Indonesien 10:0 (2014)

8. Neuseeland – Tahiti 10:0 (2004)

8. Frankreich – Aserbaidschan 10:0 (1996)

7. Niederlande – San Marino 11:0 (2012)

6. Spanien – Malta 12:1 (1984)

5. Ghana – Kenia 13:2 (1965)

4. Ghana – Malawi 13:0 (1962)

3. Deutschland – San Marino 13:0 (2006)

2. Brasilien – Nicaragua 14:0 (1975)

1. Australien – Amerikanisch-Samoa 31:0 (2001)

DIE PREMIER-LEAGUE-TEAMS MIT DEN MEISTEN GEGENTREFFERN[1]

Eigentlich ist es ja ein Erfolg, in dieser Auflistung vertreten zu sein, denn die hier aufgeführten Mannschaften haben es allesamt geschafft, viele Jahre in der höchsten englischen Spielklasse zu verbringen, obwohl sie im Laufe der Zeit dermaßen viele Gegentore kassiert haben. Andererseits: Ein Team wie Manchester United ist weit von den Top 10 entfernt! Außerdem muss diese Liste hier abgedruckt werden, damit die Spurs endlich einmal an allererster Stelle stehen …

10. Manchester City – 952

9. FC Arsenal – 962

8. FC Chelsea – 963

7. FC Southampton – 1.022

6. FC Liverpool – 1.024

5. Aston Villa – 1.186

4. Newcastle United – 1.187

3. West Ham United – 1.214

2. FC Everton – 1.265

1. Tottenham Hotspur – 1.267

....

1 Stand: 24. Juni 2018. Quelle: Premierleague.com

DIE ZEHN SCHLIMMSTEN DINGE, DIE MAN IN EINEM ÖFFENTLICHEN SCHWIMMBAD MACHEN KANN

Versammeln sich hunderte halbnackter Menschen in lauwarmem Wasser, sind strenge Regeln erforderlich.

10. Spucken

9. Rumknutschen

8. Rauchen

7. Pickel ausdrücken

6. Sich den Schorf abkratzen

5. Jemanden oral befriedigen

4. Sich oral befriedigen lassen

3. Masturbieren

2. Ins Becken machen

1. In der Bahn für Schnellschwimmer langsam schwimmen

DIE GRÖSSTEN PLEITEN BEI DEN OLYMPISCHEN SPIELEN

Sachen wie Doping und Korruption lassen wir hier genauso außen vor wie die schändliche und peinliche Entscheidung, die Spiele in Nazi-Deutschland auszurichten. Auch die furchtbaren Tragödien wie das Massaker in München 1972 gehören hier nicht hin, denn damit könnte man ein eigenes Buch füllen. Das wäre dann aber wohl auch nicht so amüsant wie die folgenden Schmankerl:

10. Montreal, 1976

Der Transport des Olympischen Feuers von Griechenland nach Kanada stellte die Organisatoren der Sommerspiele von 1976 vor eine enorme logistische Herausforderung, aber sie fanden eine großartige Lösung: Die Flamme in Athen löste einen elektronischen Impuls aus, der per Satellit nach Ottawa übertragen wurde und dort mithilfe eines Laserstrahls eine Flamme entzündete.[1] Die Flamme wurde dann händisch von Ottawa ins Olympiastadion in Montreal getragen … wo es so stark regnete, dass die Flamme erlosch und sie jemand mit einem Zigarettenanzünder wieder in Gang bringen musste.

9. London, 1908

Der Italiener Dorando Pietri führte beim Marathonlauf mit deutlichem Vorsprung, als er sich dem Olympiastadion näherte.

---

1 Jedenfalls will man uns das weismachen, aber die ganze Nummer riecht nach einer ziemlichen Verarsche. Vielleicht haben die Götter deshalb beschlossen, den Organisatoren sozusagen per Regensturm in die Suppe zu spucken.

Aber er war so ausgelaugt, dass er die Orientierung verlor, in die falsche Richtung lief (beziehungsweise taumelte) und schließlich zusammenbrach. Ärzte halfen ihm schließlich über die Ziellinie. Zu diesem Zeitpunkt führte er das Feld immer noch an, aber das nützte ihm nichts: Er wurde disqualifiziert, weil man ihm geholfen hatte.

8. München, 1972

Auch beim Marathon in München gab es Probleme. Kurz vor dem Ende des Rennens stürmte ein Mann in deutschem Lauftrikot ins Olympiastadion und begann, dort seine Runden zu drehen. Ein Deutscher an der Spitze des Felds – das Publikum war entsprechend begeistert. Aber leider handelte es sich bei diesem Mann um Norbert Südhaus, einen örtlichen Studenten und Hochstapler. Das Sicherheitspersonal begann, dem jungen Mann hinterherzujagen, was von den Zuschauern mit Buhrufen begleitet wurde – und das gerade zu dem Zeitpunkt, als Frank Shorter, der tatsächlich Führende, ins Stadion einlief und sich über die vermeintlich wütende Reaktion des Publikums wunderte. »Ich dachte: ›Leute, ich bin Amerikaner, da kann ich doch auch nichts dafür‹«, erzählte Shorter später.

7. Sydney, 2000

Mit der Begründung, Er habe die Dauer seiner Verletzungspause überzogen und sei deshalb disqualifiziert, nahm der Kampfrichter den kubanischen Taekwondo-Kämpfer Angel Matos aus dem Wettbewerb. Matos war über das Urteil nicht glücklich, dabei war sein Zeh gebrochen und es schien doch recht offensichtlich, dass er nicht würde weitermachen können. Es reichte für Matos aber noch aus, um dem armen Kampfrichter ins Gesicht zu treten.

6. Montreal, 1976

»Die Olympischen Spiele können genauso wenig Verlust machen, wie ein Mann ein Baby bekommen kann«, hatte der Bürgermeister von Montreal im Vorfeld der Olympischen Spiele noch getönt, aber dann bekam sozusagen ein Mann ein Baby: 1,5 Milliarden Dollar Verlust häufte die Stadt auf und sollte 30 Jahre benötigen, alles abzuzahlen.

5. Sotschi, 2014

Nachdem sich die Presse lautstark über Überflutungen, nicht funktionierende Geräte und einen insgesamt schlechten Zustand von Hotels und Einrichtungen während der Olympischen Winterspiele von 2014 beklagte, holte Russlands stellvertretender Ministerpräsident Dmitri Kosak zum Gegenschlag aus. Er warf den westlichen Medien einen Sabotagefeldzug vor und erklärte:»Wir haben Überwachungsvideos aus den Hotels, die zeigen, dass die Leute die Dusche anstellen, die Düse auf die Wand richten und dann ihr Zimmer für den Tag verlassen.« Ein Berater holte den Minister sofort vom Podium, bevor er noch mehr darüber erzählen konnte, wo die Regierung sonst noch Spionagekameras installiert hatte.

4. Rom, 1960

Der Mittelstreckenläufer Wim Esajas war der erste Athlet aus Surinam, der sich für die Olympischen Spiele qualifizieren konnte. Bei den Ausscheidungsrennen am Vormittag war von ihm allerdings nichts zu sehen – er tauchte erst am Nachmittag im Stadion auf. Jahrelang hing ihm das Gerücht an, er habe vergessen, seinen Wecker zu stellen. Tatsächlich gab es jedoch einen Organisationsfehler und man hatte ihm die falsche Zeit mitgeteilt.

3. Berlin, 1936

Bei den Olympischen Spielen in Berlin wurde dem südafrikanischen Boxer Thomas Hamilton Brown beschieden, dass er seinen Erstrundenkampf im Leichtgewicht gegen Carlos Lillo verloren habe. Brown zog los und haute sich so richtig den Wanst voll, schließlich hatte er, um in dieser Gewichtsklasse antreten zu können, sehr lange streng Diät gehalten, war viel Seil gesprungen und hatte hart trainiert. Doch dann stellte sich heraus, dass es einen Irrtum gegeben hatte: Die Punktezettel waren vertauscht worden und Brown hatte sich doch für die nächste Runde qualifiziert! Leider fiel er nun allerdings beim Wiegen durch (zu schwer!) und wurde sofort disqualifiziert.

2. Rio de Janeiro, 2016

Bei der ersten Runde im Stabhochsprung legte sich der japanische Athlet Hiroki Ogita richtig ins Zeug, um die erforderliche Höhe zu nehmen. Doch leider riss er die Höhe – und zwar mit seinem Penis, wie Fernsehaufnahmen zeigten. Das machte ihn natürlich über Nacht zu einem Star im Internet. Anfangs beschwerte er sich noch darüber, dass die Medien sich die Geschichte ausgedacht hätten, um ihn aufzuziehen, aber nachdem er sich das Video noch einmal angesehen hatte, räumte auch er ein: »Das ist ziemlich komisch, muss ich schon sagen.«

1. Seoul, 1988

Die Eröffnungszeremonie der Spiele näherte sich ihrem Höhepunkt, als ein Schwarm Tauben als Symbol von Frieden und Harmonie freigelassen wurde – unglücklicherweise direkt vor der Schale mit der Olympischen Flamme. Und so gab es live im Fernsehen Taubenrösten zu bestaunen. Eine fantastische Metapher, auch wenn die Millionen Zuschauer anderer Meinung gewesen sein dürften.

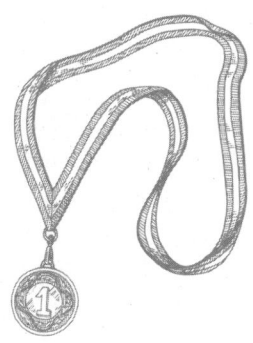

DIE ZEHN UNGLÜCKLICHSTEN WELTREKORDVERSUCHE

Es braucht ein hohes Maß an Entschlossenheit, um einen Rekord aufzustellen. Was es noch braucht, ist deutlich mehr Glück, als es diese Kandidaten hatten.

10. Amy Hughes

2017 verbrachte Amy Hughes sieben Tage auf einem Laufband und legte dabei 520 Meilen zurück (837 Kilometer). Anschließend erklärte man ihren Rekord für ungültig, weil der Zeuge – ihr Freund – nicht als neutraler Beobachter gewertet werden könne.

9. Snapple

Auf der Suche nach guter Publicity kam der Limonadenhersteller Snapple auf die Idee, das weltgrößte Eis am Stiel herzustellen. Errichtet werden sollte es im Juni 2005 in New York. Per Containerlaster wurde eine 20 Tonnen schwere und über 7,5 Meter lange tiefgefrorene Mischung zum Union Square gekarrt. Dort versuchte man mit einem Kran, das Ganze aufzurichten, während sich Fachleute für Eisskulpturen darauf vorbereiteten, letzte Hand anzulegen. Was das Unternehmen allerdings nicht bedacht hatte, war die Juni-Hitze. Der riesige Eislolli begann in der Sonne sofort zu schmelzen, sodass sich eine Flut zuckersüßen roten Safts in die Straßen ergoss. Beunruhigte Fußgänger flohen, schließlich musste die Feuerwehr anrücken und die Straße abspülen.

8. Michel Fournier

Michel Fournier wollte aus 34 Kilometern Höhe abspringen, aber der Ballon, der ihn bis zur Grenze der Atmosphäre hinauftragen sollte, stieg ohne ihn auf. Naja, das doofe Ding hatte ja nur eine halbe Million Dollar gekostet …

7. Kalifornische Blasen

Der Versuch, einen neuen Weltrekord für die meisten Menschen in einer Seifenblase aufzustellen, scheiterte 2012 daran, dass der Lokaljournalist David Nazar das Seifenblasengerät kaputt machte.

6. Jesus, Glas, Schmerz

Am 12. Juli 2013 wollte Jesus »Half Animal« Villa einen neuen Weltrekord aufstellen, indem er so schnell wie nie jemand zuvor durch zehn Scheiben gehärtetes Glas springt. Der ehemalige Artist aus dem Cirque du Soleil krachte mit dem Kopf gleich in die allererste Scheibe und brach sich dabei den Hals.

5. Kroatische Schlümpfe

395 Kroaten versammelten sich 2008 in Split, verkleidet als Schlümpfe (inklusive Gesichtsbemalung). Es wurden Fotos gemacht, es erfolgte eine offizielle Zählung, dann schickte man die Belege an Guinness. Dort wies man die Kroaten darauf hin, dass ein Jahr zuvor Studenten in Warwick mit 451 Schlümpfen einen neuen Weltrekord aufgestellt hatten. Irgendwo in dieser Geschichte steckt eine Erklärung dafür, wie die Dinge auf diesem Planeten gerade laufen.

4. Tony Wright

2007 unterlief Tony Wright ein ähnlicher Fehler wie den Schlumpf-Leuten. Er blieb strapaziöse 266 Stunden lang wach, bevor er sich in dem Glauben, den bestehenden Weltrekord um zwei Stunden überboten zu haben, aufs Ohr legte. Leider hatte ein anderer Depp bereits 276 Stunden geschafft. Davon ganz abgesehen nahm Guinness keine Rekordversuche in dieser Kategorie mehr an, weil es viel zu gefährlich ist.

3. Heiße Kiwis

Neuseeland, 2004. 341 Menschen versammeln sich, um über heiße Kohlen zu laufen. Es kommt, wie es kommen musste: 28 Personen mussten sich wegen Brandverletzungen behandeln lassen. Das Ganze hatte auch sein Gutes, die Veranstaltung brachte der örtlichen Feuerwehr nämlich über 1000 neuseeländische Dollar ein. Schade nur, dass die Behandlungskosten der Opfer die Einnahmen überstiegen.

2. Niederländische Dominosteine

2005 verbrachte eine Gruppe Niederländer einen Monat damit, vier Millionen Dominosteine für einen Weltrekordversuch vor laufenden Kameras aufzustellen. Was die Kameras stattdessen einfingen, war der Spatz, der in das Gebäude mit den Steinen flog und dort mehr als 23 000 Steine umwarf. Schlimmer noch: Der Spatz wurde gejagt und getötet, was Drohungen von Tierschützern nach sich zog. Und dann stellte sich auch noch heraus, dass es sich um einen Hausspatz gehandelt hatte, eine geschützte Art!

1. Iranische Sandwichs

Der Weltrekord für das längste Sandwich stand 2008 bei 1378 Metern. Eine iranische Frauenorganisation trieb für ihren Versuch, den Rekord zu brechen, 1000 Leute auf, was bedeutete, dass pro Person gerade einmal 1,5 Meter Sandwich zuzubereiten waren. So überzeugt von ihrem Erfolg waren die Veranstalter, dass sie die Produktion des Sandwichs als öffentliche Veranstaltung durchführten. Leider dauerte die ganze Nummer dermaßen lang, dass die Menge sich, bevor eine offizielle Messung durchgeführt werden konnte, hungrig auf die Auslage stürzte und sie verputzte.

KAPITEL 6

GESUNDHEIT UND WOHLERGEHEN

Eine ausgewogene Ernährung und ein gesunder Lebensstil tragen viel zu einem längeren Leben bei. Weshalb man sich schon wieder die Fragen stellen muss, wie es die Menschheit so weit schaffen konnte.

DIE ZEHN ALBERNSTEN GESUNDHEITSTRENDS

Wohl seit Anbeginn der Zeit streben Menschen nach einem perfekten Körper und dem Quell ewigen Wohlergehens. Und seit Anbeginn der Zeit plus fünf Minuten stellen Scharlatane diesen armen Schluckern nach.

10. Holzkohlesaft

Aktivkohle hat ihren Nutzen bei der Behandlung von Vergiftungen und Drogenüberdosierungen, denn sie ist sehr saugstark und verhindert, dass das böse Zeug bis zu Ihren inneren Organen vordringt. Also liegt es doch quasi auf der Hand, die gute Kohle gleich in einem Saft zu trinken, damit der Körper auch aus dem Essen nichts mehr in sich aufsaugt, oder? Vitamine sind ohnehin überbewertet, finden Sie nicht auch? Was macht es da schon, dass die Plörre genauso schmeckt wie das, was sie tatsächlich ist – verbranntes Holz.

9. Toning-Schuhe

Das Grundprinzip: Diese Schuhe simulieren, dass man auf unebenem Gelände läuft, sodass sich der Körper mehr anstrengen muss, mehr Kalorien verbrennt und man am Ende seine Bekannten mit perfekt geformten Beinmuskeln beeindruckt. Die Realität sieht leider etwas anders aus, denn diese Schuhe bewirken überhaupt nichts.[1] Naja, so ganz stimmt das nicht, denn manch-

....

1 Sagt unter anderem die Universität von Wisconsin, die die Schuhe für den American Council for Exercise untersucht hat.

mal verursachen sie Hüft- und Fußschmerzen. Die Leute gehen daraufhin weniger zu Fuß – was ja nun das Thema völlig verfehlt.

8. Prancercise

Joanna Rohrback, die sich diese Bewegungsmethode ausgedacht hat, spricht von einer »federnden, rhythmischen Vorwärtsbewegung, ähnlich wie die Gangart eines Pferds und idealerweise von einem Hochgefühl begleitet«. Anders gesagt: Man muss versuchen, wie ein Pferd zu traben – und Spaß daran haben. Im Gegensatz zu vielen anderen Trends auf dieser Liste ist Prancercise nicht schlecht und ist ähnlich gesund wie rasches Gehen. Und trotzdem … ernsthaft?

7. Sauerstoffbars

In Sauerstoffbars kann man Sauerstoff kaufen. Er wird von Flaschen gezogen und man steckt sich einen Schlauch in die Nasenlöcher, um ihn zu atmen. Manchmal ist er mit Aromaölen versetzt, manchmal nicht. Sauerstoffbars sind eine tolle Metapher für die Fähigkeit des Kapitalismus, einem schon fürs Atmen Geld abzuknöpfen, ansonsten weisen sie keinerlei nachgewiesenen Nutzen auf.

6. Eigenharnbehandlung

Die Metapher von eben kann ich sogar noch toppen. Im Kapitalismus bringt man Sie soweit, Geld für die Luft zu bezahlen, die Sie zum Atmen brauchen, aber damit nicht genug – man bringt Sie sogar dazu, Ihre eigene Pisse zu trinken, und verdient selbst daran noch prächtig. In den vergangenen Jahren haben zahllose Gesundheitswebsites angefangen, ein Loblied auf die Eigenharnbehandlung zu singen. Es werden Promis angeführt und pseudowissenschaftliche »Fakten« über Nährstoffe und Biodynamik zitiert. Angeblicher gesundheitlicher Nutzen: Die Haut wird sauberer, es ist eine Kur gegen Schuppenflechte und Fußpilz, grundsätzlich nehmen Vitalität und Leistungsvermögen zu. Tatsächlich nachgewiesener medizinischer Nutzen: Null. Und übrigens: Urin ist keineswegs steril, das ist ein Ammenmärchen. In Wirklichkeit enthält er jede Menge Bakterien.

5. Hawaii-Stuhl

Jetzt wird man schon im Sitzen topfit, denn der »Hula-Motor« lässt mit 2800 Umdrehungen pro Minute den Hintern rotieren, was letztlich zu einem Waschbettbrauch führt. Heißt es. In Wahrheit kann man nicht einmal seinen Kaffee in Ruhe trinken. Und man hat viel Geld für etwas ausgegeben, was man viel besser mit einem billigen Hula-Hoop-Reifen aus Plastik erreichen kann.

4. Unbehandeltes Wasser

Der technische Fortschritt der Menschheit lässt sich auch daran abmessen, wie gut es einem Staat gelungen ist, seinen Bürgern sauberes, sicheres Trinkwasser zur Verfügung zu stellen. Das war spätestens seit den Zeiten der alten Römer ein zentrales Ziel. Der Wunsch dagegen, »Raw Water« zu trinken, also ungefiltertes, unbehandeltes, nicht steriles und ja, durchaus auch potenziell gefährliches Wasser, ist ein eindeutiges Anzeichen von Dekadenz und einem unmittelbar bevorstehenden Zusammenbruch der Zivilisation … vor allem da es Firmen gibt, die knapp 40 Dollar für eine Flasche Wasser in Rechnung stellen.

3. Japanische Gesichtsmaske aus Nachtigallkot

Ja, doch, es ist genau das, wonach es klingt. Auf der japanischen Insel Kyushu sammelt man die Ausscheidungen der kleinen

Singvögel und stellt daraus Kosmetik her, die man als Maske aufträgt. Und wieviel kostet der Spaß, sich Vogelschiss in die Fresse zu schmieren? Mal eben 200 Euro.

2. Darmspülung

Bei dieser Anwendung wird einem ein Gummischlauch in den Hintern eingeführt und von dort in den Darm. Dann pumpt man 70 Liter Wasser mit diversen Zusatzstoffen wie Seife und Kaffee hinein. Wissenschaftlich nachgewiesener Nutzen für die Gesundheit – keiner. Nachgewiesene Probleme dagegen gibt es diverse, darunter allergische Reaktionen, Infektionen und Störungen des Elektrolytehaushalt. Mal ganz abgesehen davon: Jemand schiebt mir einen Plastikschlauch in den Hintern und bewässert dann mein Innenleben? Natürlich ist das eine blöde Idee, da gibt es doch wohl keine zwei Meinungen.

1. Homöopathie

Homöopathen behaupten, dass Dinge, die Krankheiten verursachen, in winzigen Dosen verabreicht heilen können. In einem »Potenzieren« genannten Prozess werden diese Substanzen in Wasser und Alkohol verdünnt und verdünnt, bis schließlich eine Lösung dabei herauskommt, die dermaßen schwach ist, dass nur noch eine »Erinnerung« an das ursprüngliche Material übrig ist. Oder, um es in wissenschaftlichen Fachbegriffen auszudrücken – ein Scheißdreck bleibt übrig. Ganz genau. Homöopathie ist die perfekte Metapher des kapitalistischen Strebens: Gewaltige Profite mit absolut gar nichts – und das häufig auch noch zu Lasten von Menschen, die unter ihren Krankheiten leiden.

DIE ZEHN SCHLIMMSTEN DIÄTEN

Wenn es darum geht, Menschen zu enttäuschen, die Gewicht verlieren wollen, schießen die folgenden Diätpläne wirklich den Vogel ab. Und braten ihn und verspeisen ihn vor Ihren Augen. Mit Pommes dazu.

10. Die Lehm-Diät
Bei dieser Diät rührt man sich zum Entgiften Heilerde ins Trinkwasser. Ärzte verweisen darauf, dass es absolut unschöne Nebenwirkungen haben kann, wenn man Dreck isst. Eine Arsenvergiftung beispielsweise. Außerdem, so die Ärzte, entgifte der Körper ohnehin auf natürliche Weise.

9. 100 Prozent vegane Rohkost
Unsere in den Höhlen lebenden Vorfahren haben entdeckt, was für Vorteile es mit sich bringt, sein Essen zuzubereiten – es schmeckt besser, es werden mehr Nährstoffe freigesetzt, es werden Bakterien und andere Dinge abgetötet. Sich ausschließlich von Rohkost zu ernähren, ergibt nur dann Sinn, wenn man noch härter erscheinen will als all die anderen nervigen Veganer in den sozialen Medien.

8. Master-Cleanse-Diät
Essen ist nicht bei dieser Diät, dafür können Sie sich einen feinen Cocktail aus Apfelessig, Cayennepfeffer und Ahornsirup mischen und den trinken. Wenn Sie es sich so richtig geben wollen, folgen Sie den Empfehlungen einiger Promis und trinken noch einen Abführtee dazu. Noch einmal kurz zusammengefasst: Ein Tee, der einen an die Toilette fesselt, dazu Essig und brennend

scharfes Gewürz. Da hilft selbst die großzügigste Dosis Ahornsirup nichts mehr. Und wie üblich ist kein gesundheitlicher Nutzen bekannt.

7. Kohlsuppen-Diät

Sie gehen so glücklich durch die Welt, dass es Ihnen selbst manchmal schon zu viel ist? Um gegenzusteuern, kann ich Ihnen diese Diät ans Herz legen. Bei dieser Diät soll man so viele Mahlzeiten wie möglich durch heißen Blähsaft ersetzen und dafür sorgen, dass Ihr Zuhause für immer nach Hund ganz hinten riecht. Ihr Lebenswille wird rascher schwinden als Ihre Pfunde.

6. Fletchern

Howard Fletcher wurde Ende des 19. Jahrhunderts berühmt für seine Empfehlung, man müsse Essen 32-mal kauen und es dann ausspucken. Wenn man es unbedingt herunterschlucken müsse, dann aber nur nach 100-mal kauen. Diese Methode werde die Menge an Lebensmitteln, die man zu sich nehme, (radikal) reduzieren und die Menschen gleichzeitig stärker machen, behauptete Fletcher. Fletchern wurde weltweit Mode und es gab sogar Lieder darüber.[1] Fletcher verdiente Millionen und wurde als »The Great Masticator«[2] bekannt, »der große Kauer«. »Wer nicht kaut, den wird die Natur schelten«, war sein Motto. Fletcher wiederum wurde in erster Linie von Ärzten gescholten, die darauf hinwiesen, dass es alles andere als gesund sei, nicht zu essen.

....

1 Textprobe gefällig? »Bei jedem Bissen, den du zu dir nimmst, tätest du gut daran, deinen Blutdruck nicht steigen zu lassen. Achte bei deinem Essen also vor allem auf die Größe…« Okay, ich habe nie behauptet, dass die Lieder gut waren.

2 Mast*icator*, verdammt noch eins. Nun führen Sie sich mal nicht so albern auf.

5. Zigarettendiät

»Greif zur Lucky anstatt zu Süßem«, bewarb Lucky Strike in den 1930er-Jahren seine Glimmstängel. Auch viele andere Unternehmen empfahlen, bei Hunger doch lieber zur Kippe zu greifen, schließlich unterdrücke Nikotin den Appetit. Inzwischen dürfte sich auch bis in den allerletzten Winkel herumgesprochen haben, dass Zigaretten ihrerseits der Gesundheit nicht gerade zuträglich sind.

4. Baumwolldiät

Stopft man sich bei Hunger nicht mit Burgern voll, sondern mit Baumwollbällchen, nimmt man nicht so zu. Allerdings verstopft die Baumwolle auch den Magendarmtrakt, flutet den Körper mit giftigen Dioxinen und sorgt dafür, dass man verhungert.

3. Die Dornröschen-Diät

Wer schläft, kann nicht essen. Wer sich also mit Schlafmitteln ausknockt, isst weniger. Auf den ersten Blick mag das vielleicht noch logisch erscheinen, aber für jeden Menschen, der ein halbwegs normales Leben führen will, tun sich da einige Fragen auf. Und dennoch fand auch dieser Diätansatz in der zweiten Hälfte des 20. Jahrhunderts seine Anhänger. Elvis Presley beispielsweise. Ja, genau: Hat nicht funktioniert.

2. Die Babynahrungs-Diät

Idee dahinter: Statt echter Nahrung reduzieren Sie die Kalorienaufnahme, indem Sie täglich 14 Gläschen Babynahrung zu sich nehmen. Aber wissen Sie, was das Lustige ist? Nur weil es für ständig schreiende, keine zehn Kilogramm wiegende Tyrannen funktioniert, die ihre Körperfunktionen nicht im Griff haben, heißt das nicht, dass es automatisch auch eine gute Idee für Erwachsene ist.

1. Lichtnahrung

Anhänger der auch Breatharianismus genannten Lichtnahrungsdiät glauben, der Mensch könne sich von Licht allein ernähren. Nicht verschmutzte Luft enthalte sämtliche Nährstoffe, die der Körper benötige, und wer keine Nahrung esse, lebe dafür umso länger. Eine der bekanntesten Anhängerinnen nannte sich Jaumsheen und lebte nach eigenen Angaben sechs Jahre lang nur von Kräutertee und ab und zu einem Schokoladenkeks. Dann jedoch forderte die australische Fernsehsendung *60 Minutes* sie auf, vor laufenden Kameras zu praktizieren, was sie predige, und rasch wurde Jaumsheen krank. Nächster Skandal: Ein Journalist, der neben Jaumsheen in einem Flugzeug saß, will gehört haben, wie sie ein Essen bestellte. Noch schlechter wurde die Presse, als tragischerweise mehrere Anhänger der Lichtnahrungsdiät starben.

DIE DEKADENTESTEN GERICHTE

Was ist noch schlimmer, als seinen Reichtum demonstrativ zur Schau zu stellen? Einen Teller protzig zur Schau gestellten Reichtum zu essen.

10. Pizza Royale 007

Diese Pizza enthielt Kaviar, der in Dom Pérignon getränkt war, in Kognak marinierten Hummer, Hirschmedaillons, Räucherlachs, Prosciutto und Essig und – wie könnte es anders sein – Goldblättchen. Der Küchenchef Domenico Crolla versteigerte sie 2006 in Schottland bei einer Wohlfahrtsveranstaltung für 4200 Dollar. Käufer war vermutlich ein Mann mit einem kleinen Penis.

9. Schwarze Densuke-Wassermelone

2008 wechselte in Nordjapan bei einer Versteigerung eine dieser seltenen Wassermelonen für 6100 Dollar den Besitzer. Immer noch billiger als Yubari-Melonen (siehe unten), aber trotzdem noch ganz schön verrückt.

8. Stilt Fisherman's Indulgence

Diese Cassata[1] war gefüllt mit Irish Cream, Dom Pérignon und Früchten der Saison. Befestigt war sie an einer Schokoladenskulptur eines Stelzenfischers und begleitet wurde sie von einem 80-karätigen Aquamarin. Das Ganze fand sich 2017 auf der Speisekarte des Fortress Resorts in Sri Lanka. Preis: 14 500 Dollar. Er-

....

1 Cassata ist eine italienische Schichttorte, meist gefüllt mit Ricotta und süßem Obst.

klären Sie das mal Ihren Enkelkindern, warum Sie das bestellt haben.

7. Yubari-Melone

Zwei Stück von diesem nur im japanischen Sapporo wachsenden Obst wurden 2008 auf einer Versteigerung angeboten. Und gingen weg für 23 500 Dollar. Ich hätte da übrigens ein paar ganz eigene Melonen anzubieten, die ich für etwas weniger abgeben würde.

6. Frrrozen Haute Chocolate

Im New Yorker Restaurant Serendipity 3 gelangte man 2007 zu der Einsicht, dass der Eisbecher »Golden Opulence Sundae« für gerade einmal 1000 Dollar nicht mehr obszön genug war, und ergänzte die Speisekarte um »Frrrozen Haute Chocolate«. Zu einem diamantbesetzten Armband wurde ein heißer Kakao mit Milch, Gold und Schlagsahne serviert, den man mit einem goldenen Löffel weglöffeln konnte. Der Preis betrug läppische 25 000 Dollar.

5. Taco mit Schnickschnack

Ein Taco mit Kobe-Rind, Kaisergranat, Almas-Kaviar und Brie mit schwarzen Trüffeln. Dazu eine Salsa aus getrockneten Morita-Chillis, Zibetkatzenkaffee und Jahrgangs-Tequila. Klingt so lecker, dass Sie gleich zwei bestellen wollen? Dann ab ins mexikanische Grand Velas Los Cabos Resort und dort ins Restaurant Frida. Kostenpunkt pro Taco: 25 000 Dollar. Falls Sie es eben überlesen haben sollten: Das Restaurant heißt Frida. Nach Frida Kahlo. Der sozialistischen Revoluzzerin. Sie wäre gewiss sehr stolz.

4. Goldene Cannoli

Cannoli sind Teigrollen, die mit Käse gefüllt sind. Das Restaurant Jasper's in Kansas City, Missouri, wickelte 2011 einen Cannolo in ein Goldblatt und verkaufte ihn (inklusive Diamant) für 26 010 Dollar. Wer kauft sowas?!?

3. Almas-Kaviar

Dieser Belugakaviar ist weiß, was ihn so ungewöhnlich macht, dass er für 36 868 Dollar das Kilogramm in einer Goldbüchse verkauft wird. Für den kleinen Hunger zwischendurch gibt es die Portion für 1250 Dollar. Ändert aber auch nichts daran, dass es sich letztlich nur um weißen Fischrogen handelt.

2. Schokopudding Spezial

Vier Arten belgische Schokolade, Champagnergelee, leichter Joconde-Biskuit und bittere dunkle Schokolade, glasiert mit einem essbaren Goldblättchen und gekrönt von einem Diamanten. Diesen Nachtisch verkaufte 2011 das Lindeth Howe Country House Hotel im britischen Lake District für 35 000 Dollar. Das zeigt wieder einmal, dass sich guter Geschmack nicht erkaufen lässt. Merke: Teuer heißt nicht immer gut.

1. Alba-Trüffel

2007 ging ein 1,5 Kilogramm schwerer weißer Trüffel aus Italien bei einer Versteigerung für 330 000 Dollar weg. Käufer war ein Kasinobesitzer aus Macau. Für das Geld hätte man auch gut und gerne einer Million Menschen ein Essen auf den Tisch stellen können.

DIE SCHLIMMSTEN KONZEPTRESTAURANTS DER WELT

Dass Konzeptrestaurants an sich schon eine miserable Idee sind, darin sind wir uns einig, oder? Umso mehr stechen diese Läden hier negativ hervor.

10. Buns and Guns, Libanon

Ein Restaurant mit Militärthema, eröffnet 2008 im vom Bürgerkrieg zerrütteten Beirut, inklusive Sandsäcken vor der Tür. Die Gerichte trugen Namen wie »Granatwerfer« und »Terroristenbrot«. Nach drei Jahren wurde das Konzept umgestellt auf ein eher sportliches Thema. Neuer Name: Shoot.

9. Hitler's Cross, Indien

»Von kleinen Bissen zu riesiger Freude«, lautete das Motto dieses 2006 in Mumbai eröffneten Lokals. Eine Woche dauerte es, dann wurde dem Eigentümer Puneet Sabhlok dann doch deutlich, dass diese ganze Geschichte mit Öfen und einem mörderischen Faschisten vielleicht nicht die allerbeste Idee war. »Ich wollte doch nie Werbung für Hitler machen, ich wollte nur Werbung für mein Restaurant machen«, erklärte Puneet. Die negative Presse überraschte ihn, also änderte er den Namen und führte, wie er sagte, eine neue kulinarische Regel ein: »Keine Diktatoren mehr.«

8. S&M Cafes, Großbritannien

Ich weiß, was Sie denken, aber das »S&M« bei dieser britischen Kette steht für »Sausages and Mash«, also »Würstchen und Kartoffelbrei«. Ich weiß schon wieder, was Sie denken. Hören Sie sofort auf damit.

7. Kenny Rogers Roasters, USA

Erinnern Sie sich noch an den Country-Musiker mit Bart? Anfang der 1990er-Jahre gab es über die ganzen USA verteilt Hunderte dieser Markenrestaurants, die Brathuhn verkauften. In Asien sind sie bis heute beliebt. Warum? Das dürfen Sie mich nicht fragen.

6. Magic Restroom Cafe, USA

Amerikas erstes Restaurant zum Thema Toilette. Und auch sein letztes. Die Kunden sollten sich auf Toiletten setzen und Gerichte mit Namen wie »Goldener Kack« bestellen. 2013 eröffnet, hielt das Restaurant kein Jahr durch.

5. Cereal Killer Cafe, Großbritannien

2015 eröffneten in der Londoner Brick Lane zwei bärtige Zwillingsbrüder ein Café, in dem für Preise zwischen zwei und fünf Pfund Frühstücksflocken verkauft wurden. Damit nicht genug: Sie produzierten auch noch ein Kochbuch mit Leckereien wie Shredded Wheat[1] mit Würstchenfüllung. Sachen wie diese führen dazu, dass die Menschen meinen, es sei Ordnung, gemein zu Hipstern zu sein.[2]

....

1 Anm. d. Übers.: Shredded Wheat sind Frühstücksflocken, die aussehen wie kleine Kissen.

2 Es ist im Übrigen nicht nett, zu Hipstern gemein zu sein. Einige von ihnen sind eigentlich ganz in Ordnung.

4. Cabbages and Condoms, Thailand

»Kohl und Kondome« – ich habe diese Kombination gegoogelt, damit Sie es nicht tun müssen. Die gute Nachricht: Das Essen soll hervorragend sein und das Restaurant sammelt Geld für örtliche Initiativen, die sich mit Verhütung und Geschlechtskrankheiten befassen. Die schlechte Nachricht: Es sind Fälle bekannt, in denen die Kellner Kondome auf dem Kopf trugen. Was dort mit dem Kohl angestellt wird, habe ich noch nicht herausfinden können.

3. Ninja New York, USA

Ninjas sind cool, oder? Aber nicht unbedingt in einem Restaurant, wo die schwarz gewandeten Typen aus dem Schatten springen, Zaubertricks vollführen oder einen anschreien, während man gerade isst. »Ich fing an, um die Rechnung zu betteln, damit ich endlich fliehen konnte«, schrieb ein Rezensent bei *Time Out*. Frank Bruni von der *New York Times* gab den Ninjas null Sterne und prognostizierte, dass ihr größter Trick darin bestehe werde, dass sie sich schon bald in Luft auflösen würden. Das war 2005. Inzwischen schreiben wir 2018 und erstaunlicherweise ist der Laden immer noch offen.

2. Hospitali, Lettland

In diesem Lokal in der lettischen Hauptstadt Riga war die Bedienung als medizinisches Pflegepersonal verkleidet und servierte Essen auf typischem Krankenhausgeschirr an Gäste, die auf gynäkologischen Stühlen saßen oder eine Zwangsjacke trugen. Bei seiner Eröffnung 2009 machte das Restaurant Schlagzeilen in aller Welt. Trotzdem fanden erstaunlich wenig Menschen die Vorstellung attraktiv, sich den Magen vollzuschlagen und gleichzeitig an ärztliche Untersuchungen denken zu müssen. Schon bald wurden bei dem Restaurant alle lebenserhaltenden Maßnahmen eingestellt.

1. Sambo's, USA

Als Sam Battinsone und Newell Bonheet 1957 ihre Restaurantkette gründeten, mag es ihnen noch wie ein lustiger Zufall erschienen sein, dass sich aus ihren Vor- und Nachnamen eine schlimme rassistische Beleidigung bilden ließ.[1] Den Expansionsbemühungen der Marke hat das zunächst nicht geschadet, Anfang der 1980er-Jahre wurden unter diesem Namen über 1000 Restaurants betrieben. Dann wachten die Menschen auf und die Kette ging pleite.

---

1 Anm. d. Übers.: Als »sambo« wurden in früheren Zeiten abwertend Menschen mit weißen und (überwiegend) schwarzen Vorfahren bezeichnet.

DIE ZEHN SCHLIMMSTEN GEMÜSE

Mal ganz ehrlich: Gemüse taugt doch nichts. Vor allem die hier.

10. Kohlrabi

9. Markkürbis

8. Kürbis

7. Steckrübe

6. Rotkohl

5. Blumenkohl

4. Süßkartoffel

3. Rosenkohl

2. Artischocke

1. Jerusalem-Artischoke (auch: Topinambur)

DIE ZEHN EKLIGSTEN GERICHTE DER WELT

Geschmäcker sind wirklich verschieden, hier ist der Beweis.

10. Huitlacoche, Mexiko

Huitlacoche oder Cuitlacoche bedeutet so viel wie »Der schlafende Kot«. Sie wollen noch mehr wissen? Es ist Mais, der von einem Maisbeulenbrand genannten Pilz befallen wurde. Dieser überzieht den Maiskolben mit schwarzblauen Sporen und tumorartig aussehenden Auswüchsen.

9. Bosintang, Korea

Hauptzutat ist Hund.

8. Knusprige Taranteln, Kambodscha

Gebratene Giftspinnen. Angeblich schmecken sie wie Krabbe, aber *ich* werde das ganz gewiss nicht überprüfen.

7. Balut, Philippinen

Angebrütete Enteneier. Oder anders gesagt: Kleine gefederte Föten.

6. Lutefisk, Schweden

Kabeljau, der in Lauge getränkt wird – zu Lauge greifen übrigens auch Serienkiller gerne, wenn sie ihre Opfer auflösen wollen …

5. Escamoles, Mexiko

Die Eier giftiger Riesenameisen. Angeblich schmecken sie butterig. Aber das ändert nichts daran, dass es sich um die Eier giftiger Riesenameisen handelt.

4. Aal in Gelee, Großbritannien

Als ob Aal an sich nicht schon schlimm
genug wäre, wird er für dieses Gericht
noch zerhackt, in Gelee gepackt und dann
kalt mit Kartoffelbrei serviert.

3. Babymauswein, Korea

Leider das, was der Name vermuten lässt – ein Getränk aus Mäu-
sebabys, die in Reiswein gelagert werden. Angeblich ist es gut für
die Gesundheit … die Gesundheit der Trinkenden, nicht die der
Mäuse natürlich.

2. Airag, Mongolei

Pferdestuten zu melken ist ja an sich schon eine furchtbare Idee,
aber irgendjemand in der Mongolei kam auf die Idee, die Stuten-
milch gären zu lassen und sich mit der resultierenden Pampe zu
betrinken.

1. Hákarl, Island

»Kæstur hákarl« ist Isländisch und heißt »fermentierter Hai«.
Und damit fängt der Spaß erst an, denn der betreffende Hai ist
der Grönlandhai (lateinisch *Somniosus microcephalus*, was
übersetzt etwa »schlafender seltsamer Kleinkopf« bedeutet).
Grönlandhaie können 500 Jahre alt werden und stecken normalerweise voller Harnsäure und einer Substanz namens Trime-
thylaminoxid. Ersteres ist ätzende Pisse, das Zweite kann einen
Herzinfarkt verursachen oder dazu führen, dass man Blut spuckt.
Jeder nur halbwegs vernunftbegabte Mensch sollte doch eigentlich um so eine Horrorkreatur einen weiten Bogen machen.
Stattdessen vergraben nordische »Feinschmecker« den Fisch,

lassen ihn drei Monate verwesen, hängen ihn dann noch ein paar Monate zum Trocknen an die Luft, bis er schön krustig ist. Dann wird das Ganze mit einem eiskalten Brennivin serviert, einem üblen isländischen Schnaps, der die Sinne (und vermutlich die Intelligenz) soweit betäubt, dass man dieses Gericht erträglich findet.

DIE GEFÄHRLICHSTEN NAHRUNGSMITTEL DER WELT

Eigentlich sollte man ja meinen, dass »gefährlich« und »Nahrungsmittel« sich gegenseitig ausschließen, aber wir hatten ja bereits festgestellt, dass die Menschheit nicht unbedingt immer durch überragende Rationalität auffällt. Ich kann nicht sagen, warum es Leute gibt, die dieses Zeugs essen.

10. Affenhirn

Affenhirn kann Creutzfeld-Jakob verursachen, eine Krankheit, die das eigene Hirn in Mus verwandelt. Insofern schließt sich doch der Kreis, denn wie muss es um den eigenen geistigen Zustand bestellt sein, dass man überhaupt erst auf die Idee kommt, sich eine Portion Affenhirn zu bestellen?

9. Casu marzu

Ein traditioneller sardischer Schafsmilchkäse, der gelagert wird, bis er mit den Larven der Käsefliege infiziert ist. Diese Larven können bis zu 15 Zentimeter in die Höhe springen und es gibt Berichte, wonach sie Käseessern in die Augen sprangen. Außerdem können sie die Zunge verbrennen. Und das Beste hätte ich fast vergessen: Sie können sich durch die Darmwand bohren und blutigen Stuhl bescheren.

8. Rotfleischige Archenmuschel

1988 waren diese Muscheln schuld am Tod von 31 Menschen in Schanghai, weitere 300 000 Personen infizierten sich. Werden die

auch »Blutmuscheln« genannten Leckerlis nicht lang genug gekocht, kann man beim Krankheiten-Bingo das große Bakte-
rien-Los ziehen: Unter anderem wären da Hepatitis A, Hepatitis
E, Typhus und Ruhr im Angebot.

7. Alfalfasprossen

Man mag sie uns als gesundes Nahrungsmittel verkaufen, aber
Alfalfasprossen sind ideale Brutstätten für E. coli und Salmonel-
len.

6. Maniok

Roh enthält Maniok Linamarin, eine Substanz, die sich im Darm
in Blausäure verwandelt. Und dann tödlich ist. Gekocht verwandelt sich Maniok in Tapiokapudding. Fast genauso schlimm.

5. Erdnüsse

Für 99 Prozent der Bevölkerung sind Erdnüsse köstlich, nähr-
stoffreich und überraschend lecker, wenn man sie als Paste zube-
reitet, die einem den Gaumen verklebt. Für das restliche Prozent
sind sie tödlich.

4. Akipflaume

Akipflaume mit Kabeljau ist köstlich. Aber nach dem Verzehr einer unreifen Aki und der ohnehin stets giftigen schwarzen Samenkörner erbricht man sich solange, bis man schließlich stirbt.

3. Hot Dogs

Kein Scherz. Kinder ersticken an den Dingern. Wenn in den
USA Kinder unter zehn Jahren an Nahrungsmitteln ersticken,
dann waren in fast 20 Prozent der Fälle Würstchen im Spiel, die
im Hals stecken geblieben sind.

2. Sannakji (roher Babyoktopus)

Wenn Sie diese koreanische Leckerei nicht gründlich genug kauen, dann kann es passieren, dass
sich die Saugnäpfe im Hals festsetzen und Ihnen
die Luft nehmen. Das hat zwar etwas von aus-
gleichendem Karma, aber trotzdem: Wer möchte
schon auf diese Weise abtreten?

1. Fugu

Ein einziger Fugu-Kugelfisch enthält ausreichend Tetrodotoxin,
um damit 30 Menschen zu töten. Symptome einer Vergiftung:
Taubheit an Lippen, Zunge und Fingern, Schwindel, Sprach-
störungen, Kopfschmerzen, Übelkeit, Magenkrämpfe und
Bauchschmerzen, Muskelschwäche, Verlust der Kontrolle über
den Darm … Wenige Stunden später hat man dieses irdene Jam-
mertal verlassen, Todesursache ist zumeist Ersticken. Und während das Gift den Körper in Schutt und Asche legt, bleibt das Gehirn unbelastet. Das bedeutet, die Opfer erleben diese Qual bei
vollem Bewusstsein, erleben jede Sekunde Schmerz, das unauf-
haltsame Näherrücken des Todes und das Ausmaß ihrer Dumm-
heit, das sie dazu gebracht hat, diesen Fisch überhaupt erst zu
probieren.

KAPITEL 7

IN GRAUER VORZEIT

Was ist nur aus der guten alten Zeit geworden? Fragen wie diese beschäftigen Sänger und Poeten seit Urzeiten, dabei liegt die Antwort doch auf der Hand: Die »gute alte« Zeit war nie gut. Die Geschichte lehrt uns, dass auch die am besten durchdachten Pläne der Menschenkinder meistens nicht aufgehen und dass wir uns am besten daran gewöhnen sollten.

DIE ZEHN VERSTÖRENDSTEN SCHÖPFUNGSTHEORIEN

Thesen, wie das Universum entstanden sein könnte, gibt es wie Sand am Meer, aber eines haben sie gemein – der Anfang war keineswegs leicht.

10. Die Urknalltheorie

Am Anfang gab es nichts, dann ist irgendetwas passiert. Es kam zu einer zufälligen Fluktuation in der Leere, für die wir keine genaue Erklärung besitzen, die aber die Dinge wirklich in Wallung brachte. Im Bruchteil einer Sekunde wurde der winzig kleine Partikel (kleiner noch als subatomar) von dem ihm umgebenden Vakuum zerfetzt und unser Universum explodierte. Seitdem expandiert es, wenn auch nicht mehr ganz so schnell. Der Rand des Universums entfernt sich immer weiter von uns und wir sind nur ein beliebiger Fels, der um eine beliebige Sonne kreist, die seit ihrer Geburt stirbt.[1]

9. Zyklisches Modell

Es gibt endlos viele Big Bangs und dementsprechend auch endlos viele Big Crunches. Was bedeutet, dass ständig neue Universen entstehen und zerstört werden. Für das ewige Leben hier auf Erden wäre das nicht so gut.

....

[1] Falls Sie noch nicht ausreichend deprimiert sind: Ein theoretischer Endpunkt dieser Theorie wird als Big Crunch bezeichnet. Das klingt nicht nur schlimm, das ist es auch: Bei diesem Szenario kehrt sich die Expansion um und wir werden alle zu Nichts zermalmt.

8. Ewige Inflation

Diese Theorie ist wie die vom Urknall, aber mit dem gewissen Extra. Sie besagt, dass die Inflation, zu der es nach dem Urknall kam, niemals nachgelassen hat und dass bis heute unendlich viele Universen entstanden sind und noch bis in alle Ewigkeit unendlich viele entstehen werden. In vielen dieser Universen herrschen möglicherweise andere Naturgesetze als in unserem. Die Möglichkeiten sind unendlich und verursachen Hirnsausen. So könnte es ein Universum geben, in dem Sie dieses Buch geschrieben haben und ich es gerade lese.

7. Der Schöpfungsmythos der alten Griechen

Himmel und Erde wurden aus den zwei Hälften eines Eis erschaffen, das ein gewaltiger Vogel mit schwarzen Schwingen gelegt hat. Das Ei enthielt zudem auch Eros, den Gott der Liebe, der Himmel und Erde dazu brachte, sich miteinander zu paaren und Kinder in die Welt zu setzen. Diese Kinder begannen schon bald damit, sich gegenseitig zu fressen, es miteinander zu treiben und sich gegenseitig zu bekriegen. Schließlich ging ein Gott namens Zeus siegreich aus dem Krieg hervor. Er wies einen anderen Unsterblichen, Prometheus, an, Menschen und all die anderen Tiere zu erschaffen. Prometheus tat wie befohlen – und gab den Menschen als besonderes Geschenk das Feuer. Das brachte Zeus auf und er beschloss, die Menschheit zu bestrafen. Er sandte einer Frau namens Pandora eine Kiste und füllte diese Kiste mit Plagen, Krankheiten, Neid und Gier. Er wies die Frau an, die Kiste nicht zu öffnen. Sie tat es dennoch. Und deshalb sind wir heute so am Arsch.

6. Der chinesische Pangu-Mythos

Am Anfang gab es gar nichts. Hatten wir schon. Aber dieses Mal verwandelt sich das urzeitliche Chaos in ein kosmisches Ei. In dem Ei bilden sich Yin und Yang – und ein haariger Riese namens Pangu. Mit seiner gewaltigen Axt trennt er Yin und Yang.[1] Sie werden zu Himmel und Erde. Pangu beginnt, sie voneinander weg zu schieben, damit sie getrennt blieben. Die Erde wächst nach unten, der Himmel wächst nach oben, dazwischen erstreckt sich Pangu. So geht das 18 000 Jahre, dann gibt Pangu auf und stirbt. Sein Atem wird der Wind, sein Pelz die Büsche und Wälder, seine Knochen die Mineralien, sein linkes Auge die Sonne, sein rechtes Auge der Mond und seine Flöhe werden zu Tieren. Wir sind also Pangus Flöhe.

5. Der Rigveda-Mythos

Purusha hatte tausend Köpfe, Füße und Augen. Er konnte mit seinen Fingern die gesamte Welt umfassen. Tolle Sache, das. Aber dennoch brachten ihn die anderen Götter um die Ecke und verwandelten ihn in Butter. Ja, richtig, Butter. Und aus dieser Butter wurden drei neue Götter erschaffen, die Elemente und die Tiere. Also auch wir. Butter.

4. Der Boschongo-Schöpfungsmythos

Die Welt bestand aus Dunkelheit und Leere. Dann packten einen Gott namens Bumba furchtbare Magenkrämpfe. Schließlich erbrach er sich. Erst kotzte er die Sonne aus, dann den Mond, die Erde, Pflanzen und Tiere. Dann, gerade als praktisch nur noch Galle übrig war, folgten noch die Menschen.

....

1 Ich fürchte, ich kann Ihnen auch nicht erklären, wo er die Axt herhatte. Er scheint sie einfach gehabt zu haben. Am besten gar nicht erst zu lange darüber nachdenken.

3. Der biblische Schöpfungsmythos

Ein übellauniger Gott bastelte sich innerhalb von sechs Tagen etwas zusammen. Uns erschuf er aus Lehm und befand, wir sollten aussehen wie er. Sonntag nahm er sich frei, um das Ganze noch einmal zu überdenken. Dann setzte er eine Schlange in Marsch, um einen Vorwand zu haben, uns aus dem Paradies zu kicken und bis in alle Ewigkeit zu strafen.

2. Der Heliopolis-Mythos der alten Ägypter

Der Gott Atum stand auf einem Hügel und holte sich einen runter. Tut mir leid, das so sagen zu müssen, aber er ejakulierte die Gottheiten Schu und Tefnut. Die waren zwar Bruder und Schwester, aber das hielt sie nicht davon ab, später miteinander zu poppen. Ihre Kinder waren der Himmelsgott Nut und die Erdgöttin Geb. Das inzestuöse Rumgebumse ging eine ganze Weile weiter und aus all den unterschiedlichen Paarungen entstand schließlich alles andere.

1. Die Theorie von der digitalen Simulation

Wir alle existieren innerhalb eines Computer. Wir wissen es nicht, aber wir sind nur ein Algorithmus. Das Schöne an dieser Theorie ist, dass es nicht so wild ist, dass wir unsere Umwelt zerstören, denn die existiert ja ohnehin nicht wirklich. Das nicht so Schöne: Jemand könnte jeden Augenblick beschließen, den Rechner neu hochzufahren. Man kann bloß hoffen, dass das Teil nicht auf Windows läuft.

DIE ZEHN SCHLIMMSTEN BESTRAFUNGEN IN DEN ALTEN MYTHEN

Wen die Götter lieben, der stirbt jung. Wen die Götter nicht lieben, der kann sich auf eine ganze Ewigkeit der Qualen einstellen.

10. Lamia

Zeus' eifersüchtige Gattin Hera erwischte Lamia bei einer Affäre mit Zeus. Also raubte Hera der jüngeren Göttin die Kinder. Lamia wurde vor Trauer verrückt und riss sich die eigenen Augen heraus. Dann verwandelte Zeus sie in ein Monster, das darauf steht, die Kinder anderer Leute zu fressen. Vielen Dank auch dafür, werter Zeus.

9. Die Töchter des Danaos

Danaos hatte 50 Töchter und sein Zwillingsbruder Aigyptos hatte 50 Söhne. »Wie passend«, denken Sie vielleicht gerade und liegen damit auf einer Linie mit Aigyptos, denn der arrangierte es so, dass sie alle untereinander heirateten. Danaos war von der Idee nicht ganz so überzeugt und wies seine Töchter an, in der Hochzeitsnacht die Söhne des Aigyptos zu töten. 49 gehorchten. Den Göttern missfiel die ganze Aktion und sie ordneten an, dass die mörderischen Töchter nun ihre Sünden in der Unterwelt fortzuspülen hätten. Dazu hatten sie ein spezielles Becken mit Wasser aus dem Fluss Styx zu befüllen. Und wer hätte es gedacht – das Becken leckte und die glücklosen Frauen verbrachten den Rest ihres Lebens mit dem Versuch, es zu füllen.

8. Io

Als Hera dahinterkam, dass ihr Mann Zeus eine Affäre mit Io hatte, versuchte der schürzenjagende Götterkönig, das arme Mädchen als Kuh zu tarnen. Hera ließ sich davon nicht hinters Licht führen und sandte eine Bremse los, die »Kuh« wieder und wieder zu stechen. Schließlich wurde Io verrückt und wanderte in Kuhgestalt durch die Welt, um der Bremse zu entkommen. Bestimmt hat sie dabei gemuht wie Eric Bana in *München*.

7. Marsyas

Marsyas forderte Apoll zu einem Wettbewerb im Flötespielen heraus. Apoll willigte ein unter der Bedingung, der Sieger sei in der Wahl seiner Bestrafung für den Verlierer völlig frei. Und jetzt kommt's – Apoll gewann, wer hätte es gedacht! Er ließ Marsyas bei lebendigem Leib die Haut abziehen und verwandelte ihn in einen Fluss. Ein eher überraschender Ausgang, aber angenehmer wird es dadurch auch nicht.

6. Prometheus

Prometheus wurde von Zeus an einen Fels gekettet, nachdem er der Menschheit das Feuer gebracht hatte. Jeden Abend kam ein Adler und fraß Prometheus' Leber, die sich danach stets erneuerte. Das muss doch wehtun.

5. Ixion

Ixion hatte sich an Zeus' Gattin Hera herangemacht, also schleuderte der eifersüchtige Gott einen Blitz auf Ixion und kettete ihn dann an ein sich ständig drehendes Feuerrad. Diese Geschichte enthält, glaube ich, eine Moral.

4. Erysichthon

Um sich einen Tisch zu bauen, ließ Erysichthon im Lieblingshain der Göttin Demeter einige Bäume fällen. Das sollte er schon bald bereuen, denn Demeter verfluchte ihn und wünschte ihm unstillbaren Hunger an den Hals. Egal, was er auch aß, niemals würde er befriedigt sein. Eines Tages kostete er schließlich von seinem eigenen Fleisch und starb.

3. Sisyphos

König Sisyphos fand Gefallen daran, seine eigenen Untertanen zu töten wie auch alle, die den Fehler begingen, sein Reich zu betreten. Aber wenn er sich für den größten Bösewicht weit und breit gehalten haben soll, dann saß er einem Irrtum auf, denn Zeus bestrafte Sisyphos für sein Leben voller Verbrechen, indem er ihn zwang, einen Fels einen Hügel hinaufzurollen.[1] Klingt zunächst erstmal machbar, aber wann immer Sisyphos sich dem Gipfel näherte, rollte der Fels wieder hinab und Sisyphos musste ganz von vorn beginnen. Bis in alle Ewigkeit.

....

1 Da war auch noch dieser bedauerliche Zwischenfall mit der Nymphe Ägina. Sisyphos petzte, dass Zeus die Nymphe entführt hatte, was Zeus verärgerte. Und falls Sie es noch nicht wussten: Es ist sehr unklug, es sich mit Zeus zu verscherzen.

2. Tantalus

Auch Tantalus war ein schlimmer Finger. Er stahl Ambrosia, er brachte seinen eigenen Sohn um und servierte ihn seinen Göttern zum Abendessen. Fanden die gar nicht witzig. Er wurde in der Unterwelt in einen Teich mit kristallklarem Wasser geworfen, über ihm hingen köstlich aussehende Trauben. Wenn er versuchte, die Trauben zu essen, entzogen sie sich ihm. Wenn er versuchte, von dem Wasser zu trinken, wich es ihm aus. Also hungerte er bis in alle Ewigkeit, die verlockendsten Dinge immer direkt vor seiner Nase.

1. Aktaion

Aktaion war mit seinen Hunden auf der Jagd, als er auf die Göttin Artemis stieß, die gerade ein Bad nahm. Mochte er anfangs noch gedacht haben, was er doch für ein Glückspilz sei, dürfte sich seine Meinung schon bald geändert haben. Artemis befahl ihm nämlich, nie wieder ein Wort zu sprechen, anderenfalls würde sie ihn in einen Hirsch verwandeln. Natürlich gelang es ihm nicht, diese Anweisung einzuhalten. Noch während er wegging, rief er aus alter Gewohnheit seine Hunde. Sofort wurde er in einen Hirschen verwandelt – und seine Hunde stürzten sich auf ihn, rissen ihn in Stücke und fraßen ihn.

DIE ZEHN VERRÜCKTESTEN RÖMISCHEN IMPERATOREN

Ein Großteil der Informationen über diese Imperatoren stammt aus ziemlich unzuverlässigen uralten Quellen. Manchmal handelt es sich um Menschen, die die Herrscher zu Lebzeiten furchtbar verärgert hatten. Manchmal handelt es sich um Menschen, die Hunderte Jahre nach dem Tod der Imperatoren gelebt haben. Aber auch wenn man diese Geschichte mit einem gerüttelt Maß an Vorsicht genießen sollte, heißt das nicht, dass es sich nicht um tolle Geschichten handelt.

10. Theodosius I. (379–395)

Theodosius war ein Extremist in Glaubensdingen. Er machte das Christentum nach Form des Nicänischen Glaubensbekenntnisses zur Staatsreligion, obwohl 90 Prozent der Bevölkerung keine Christen waren. Dann machte er sich daran, das Erbe der Antike größtenteils zu zerstören. Er verbot die vestalischen Jungfrauen, ließ Menschen, die die alten Riten befolgten, hinrichten und erlaubte es, dass antike Schätze wie das Heiligtum des Apollon in Delphi zerstört wurden. Die olle Spaßbremse untersagte sogar die Olympischen Spiele.

9. Carinus (283–285)

Antiken Quellen zufolge ließ Carinus, nachdem er überraschend römischer Kaiser geworden war, alle Personen hinrichten, die ihn während seiner Schulzeit geärgert hatten. Den Quellen zufolge soll er nicht weniger als neun Ehefrauen gehabt haben, außerdem ist er gerne mit den Partnerinnen vieler Senatoren und Generäle in die Kiste gesprungen. Das war dann letztlich doch zu viel, denn einer der gehörnten Offiziere beförderte Carinus ins Jenseits.

8. Domitian (81–96)

Früh in seiner Amtszeit ließ Domitian drei seiner Familienmitglieder zu Göttern erklären – und sich gleich mit. Der selbsternannte Gottkaiser begann als effizienter Verwalter, kannte aber keine Skrupel, wenn es darum ging, Leute ermorden zu lassen, und auch falsche Bescheidenheit war ihm fremd. Zeitgenössische Geschichtsschreiber bezeichnen ihn als Tyrannen, dessen Hof sich rasch mit Informanten füllte, was seine Paranoia und seinen Blutdurst nur beflügelte. Üble Nachrede ließ er mit dem Tod bestrafen und vor allem Schauspieler waren ihm zuwider. Mimen durften keine öffentlichen Bühnen betreten und angeblich ließ er einen Schauspieler auf offener Straße ermorden. In seinen späten Jahren wuchs Domitians Überzeugung, dass man ihn umbringen wolle. Er wurde immer nervöser und zappeliger, bevor er schließlich ermordet wurde. Damit bestätigte sich der uralte Spruch, dass, nur weil man unter Verfolgungswahn leidet, es nicht bedeutet, dass sie tatsächlich hinter einem her sind.

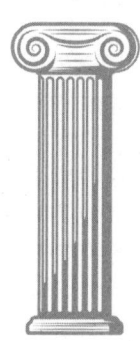

7. Caracalla (198–217)

Erst brachte er seinen Bruder und seine Schwägerin um, dann erließ er ein Gesetz, das es zum Kapitalverbrechen machte, den Namen des Bruders auch nur zu erwähnen. Um zu unterstreichen, wie ernst es ihm damit war, ließ er alle abschlachten, die seiner Meinung nach den toten Verwandten unterstützten. Darüber hinaus hatte er aber auch eine gute Idee, indem er tausenden Menschen anbot, Bürger Roms zu werden. Allerdings sollten all diese Menschen die Vornamen Marcus Aurelius annehmen – was zufällig seine eigenen Vornamen waren …

6. Commodus (177–192)

Dass jemand mörderischen Egoismus an den Tag legt und sich zum Gott erklärt, gehört in dieser Liste ja schon fast zum guten Ton. Bei Commodus kommt hinzu, dass er geradezu besessen von Gladiatorenkämpfen war. Oftmals betrat er höchstselbst die Arena und tötete dort hunderte glückloser Widersacher. Außerdem ließ er alle Monate des Jahres umbenennen – und zwar nach seinen eigenen zwölf (ziemlich albernen) Vornamen: Lucius, Aelius, Aurelius, Commodus, Augustus, Herculeus, Romanus, Exsuperatorius, Amazonius, Invictus, Felix und Pius. Und wo er gerade dabei war, taufte er noch rasch Rom in Commodianus um.

5. Konstantin I. (306–337)

Indem er sich für das Christentum starkmachte, ließ Konstantin nahezu 2000 Jahre klerikale Tyrannei auf die westliche Welt los. Aber nicht nur das: Ganz im Sinne der christlichen Nächstenliebe vergiftete er seinen eigenen Sohn und ließ seine Frau zu Tode kochen.

4. Tiberius (14–37)

Bedenkt man, auf welche Weise viele Kaiser endeten, war Tiberius vielleicht gar nicht so dumm, als er das Leben in Rom aufgab und sich auf seinen luxuriösen Landsitz auf der wunderschönen Insel Capri zurückzog. Leider verbrachte er römischen Historikern zufolge dort einen Großteil seiner Zeit damit, jungen Knaben nachzustellen und Leute von den Klippen zu werfen.

3. Elagabal (218–222)

Elagabal war seiner Zeit weit, weit voraus – er wollte von den Ärzten, dass sie ihn in eine Frau verwandeln, aber das war in der Antike medizinisch nun leider gar nicht drin. Echtes Herrschermaterial war er darüber hinaus auch nicht, was wohl auch damit zusammenhängt, dass er im zarten Alter von 14 Jahren an die Macht kam. Aber bevor er uns noch sympathisch wird: Den Historikern zufolge fand er rasch Gefallen daran, Kinder abschlachten zu lassen. Außerdem verfiel er dem Elagabal-Kult[1] und nahm an Riten teil, bei denen Affen mit menschlichen Genitalien beworfen wurden.

2. Nero (54–68)

Tacitus schreibt, Nero habe versucht, seine Mutter umzubringen, indem er ein spezielles Schiff bauen ließ, das sinken sollte, während sie an Bord war. Das funktionierte nicht, also griff Nero auf eine weniger komplizierte Methode zurück und ließ sie erstechen. Auch seinen Stiefbruder, zwei Ehefrauen und Dutzende, wenn nicht hunderte römische Adelige gehen auf seine Rechnung. Was das Ganze noch schlimmer macht: Nero war ein begeisterter Anhänger der furchtbaren Kunst der Performance-Poesie. Eingeschüchterte Römer mussten oftmals elend lange Rezitationen über sich ergehen lassen. Irgendwann wurden sie es leid und ließen ihn umbringen, was ja auch nur verständlich ist.

....

1 Eine syrische Gottheit, von der der Kaiser auch den Herrschernamen übernahm.

Als die Messer in ihn eindrangen, rief Nero aus: »Was für ein Künstler stirbt mit mir.«

1. Caligula (37–41)

Caligula habe mit seinen Schwestern geschlafen, sie zur Prostitution gezwungen und seinen Palast in ein Bordell verwandelt, wirft der Historiker Sueton dem Kaiser vor. Er habe sich seinem eigenen Dienst geweiht, schreibt Cassius Dio. Das klingt zunächst einmal kryptisch, bedeutet aber nichts anderes, als dass er Priester eines Glaubens wurde, bei dem er als Gott verehrt wurde. Einer seiner Mitpriester war sein Pferd, außerdem verlangte er, dass ihm täglich »feine und kostspielige Vögel« geopfert werden. Caligula hatte zumindest die clevere Idee, in Britannien einzumarschieren – aber als er zum Ärmelkanal gelangte, änderte er seine Meinung. War ihm doch zu viel Arbeit. Stattdessen ließ er seine Soldaten Muscheln sammeln, schreibt Dio. Dann verkündete er, den Meeresgott Neptun besiegt zu haben. Kurz darauf schaffte Caligulas eigene Leibwache ihn aus der Welt.

DIE ZEHN KÜRZESTEN AMTSZEITEN ENGLISCHER GEKRÖNTER HÄUPTER

Nicht jeder Person, die auf dem englischen Thron saß, war eine glückliche und ruhmreiche Herrschaft beschert. Einige Amtszeiten waren auch schlicht übel, brutal und sehr, sehr kurz.

10. Harald I. (12. November 1037 – 17. März 1040; 856 Tage)

Es ist etwas verwirrend, aber Harald war bereits ab 1035 Mitregent, nämlich mit seinem (abwesenden) Halbbruder Hardeknut. 1037 ließ er sich zum alleinigen König ausrufen, deshalb messen wir seine Regierungszeit erst ab diesem Datum. Haralds Schritt gefiel seinem Halbbruder ganz und gar nicht, also machte sich Hardeknut von Dänemark aus auf den Weg, Harald eine Lektion zu erteilen. Aber gerade als Hardeknut sich auf die Invasion vorbereitete, starb Harald an einer geheimnisvollen Krankheit[1] im Alter von gerade einmal 24 Jahren. Hardeknut ließ den Leichnam köpfen und in ein Moor neben der Themse schmeißen.

9. Hardeknut (17. März 1040 – 8. Juni 1042, 813 Tage)

Hardeknut hielt nicht einmal so lang wie sein Bruder durch. Nach allgemeiner Auffassung starb er wohl an einem Schlaganfall, den er aufgrund exzessiven Saufens erlitt. In der *Angelsächsischen Chronik* heißt es, Hardeknut habe eine Hochzeit besucht

....

1 In der *Angelsächsischen Chronik* heißt es, Harald habe sich gerade mit ein paar Mönchen unterhalten, als er umfiel und »schwarz wurde«.

und sei mit dem Getränk in der Hand gestorben. »Plötzlich fiel er mit schrecklichen Zuckungen zu Boden. Die Umstehenden ergriffen ihn und er sprach kein Wort mehr.«

8. Richard III. (26. Juni 1483 – 22. August 1485, 788 Tage)

Richard wurde bei der Schlacht von Bosworth von der Armee Heinrich Tudors getötet. Seine Gebeine wurden 2012 unter einem Parkplatz in Leicester entdeckt.

7. Harald II. (5. Januar 1066 – 14. Oktober 1066, 282 Tage)

Harald ist berühmt dafür, dass er bei der Schlacht von Hastings einen Pfeil ins Auge bekam und daran starb.

6. Edmund II. (23 April. 1016 – 30. November 1016, 221 Tage)

Der Legende zufolge wurde Edmund getötet, während er gerade auf dem stillen Örtchen hockte. Einige behaupten, er wurde mit mehreren Messerstichen getötet, als er dort gerade sein Geschäft verrichten wollte. Andere geben als Mordwaffe eine Armbrust an. Es kann auch sein, dass er Verwundungen erlag, die er bei den zahlreichen Kämpfen erlitten hatte, die er während seiner kurzen Amtszeit gegen die Dänen führen musste.
Vielleicht ist er aber auch schlicht an natürlichen Ursachen gestorben. Das Leben im 11. Jahrhundert war nun einmal kein Zuckerschlecken.

5. Matilda (7. April 1141 – 1. November 1141, 208 Tage)

Es tut mir leid, aber auch hier wird es ziemlich kompliziert. Matilda war auch Kaiserin Mathilde[1] des Heiligen Römischen Reichs und in dieser Rolle Königin von Deutschland und Italien. Während einer »Die Anarchie«[2] genannten Phase der englischen Geschichte verjagte sie kurzzeitig Stephan von Bloi vom Thron – allerdings verhinderte es eine ihr feindselig gesinnte Menschenmenge in London, dass sie tatsächlich gekrönt wurde. Im November 1141 konnte Stephan von Blois den Thron zurückerobern, aber es sollten einige Jahre vergehen, bevor Matilda schließlich klein beigab und sich in die Normandie zurückzog. Allerdings war sie es, die zuletzt lachte, denn ihr Sohn Heinrich bestieg im November 1154 den englischen Thron.

4. Eduard V. (9. April 1483 – 26. Juni 1483, 78 Tage)

Eduard war einer *der* Prinzen im Londoner Tower. Er regierte ganz kurz unter der »Vormundschaft« seines Onkels. Der nahm ihm jedoch fix die Krone wieder weg und stieg als Richard III. selbst auf den Thron. Kurz darauf verschwanden Eduard und sein jüngerer Bruder aus dem Tower. Woran genau sie gestorben sind, ist bis heute ungeklärt. Was dagegen den Schuldigen angeht, zeigen recht viele Finger auf eine bestimmte Person.

....

1 Anm. d. Übers.: Oder auch Maude.

2 Eine Reihe von Thronfolgestreitigkeiten. Chronisten sprachen davon, dass in dieser Zeit »Christus und seine Heiligen schliefen«.

3. Edgar Ätheling (15. Oktober 1066 – 17. Dezember 1066, 63 Tage)

Es blieb nur eine wenig beachtete Fußnote der Schlacht von Hastings, dass die überlebende Herrscherschicht der Sachsen im Oktober 1066 bei einem Witenagemot[3] Edgar zum König wählte. König Wilhelm schwebte allerdings etwas anderes vor und Edgar musste sich schon bald dem normannischen Eroberer unterwerfen und ins Exil gehen. Erstaunlicherweise lebte er noch bis 1125 und hatte möglicherweise Söhne. Es ist ein wenig überraschend, aber von diesem Königsgeschlecht hat man lange nichts mehr gehört.

2. Sven Gabelbart (25. Dezember 1013 – 3. Februar 1014, 40 Tage)

Sven regierte ab 986 Dänemark. Über ein Jahrzehnt lang zog er plündernd, kämpfend und erobernd durch England. Nach einer langen Abfolge ermüdender und blutiger Auseinandersetzungen stellte die Gegenseite endlich den Widerstand ein und Sven wurde zum König gekrönt. Praktisch unmittelbar danach fiel er vom Pferd und starb. Wie das Leben so spielt …

....

3 Ein »Treffen der Weisen«.

1. Lady Jane Grey (10. Juli 1553 – 19. Juli 1553, 9 Tage)

Auch als die Neuntagekönigin bekannt. Der Kronrat, der sie zur Königin gekürt hatte, änderte seine Meinung und überreichte die Krone stattdessen dann doch lieber Maria I. Bis Februar 1554 verweilte Lady Jane Grey im Tower of London, dann ließ Maria die ehemalige Königin wegen Landesverrats hinrichten. Schon ein wenig dreist.

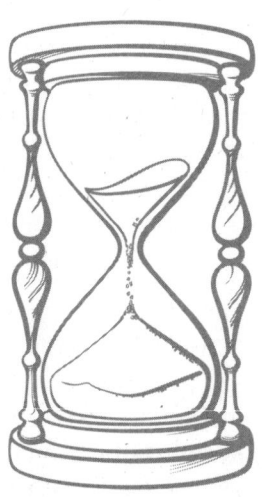

DIE ZEHN SCHLIMMSTEN PÄPSTE

Päpste sind unfehlbar, heißt es. Diese Knaben hier haben davon offensichtlich nichts gewusst.

10. Alexander VI. (1482–1503)

Die Amtszeit Alexanders war ein guter Indikator dafür, wie es danach weitergehen sollte: Er erkaufte sich das Pontifikat, indem er die Wahlmänner schmierte. Anschließend führte er den Begriff Vetternwirtschaft auf eine ganz neue Ebene, indem er seine Verwandtschaft sehr großzügig mit Spitzenpositionen bedachte. Darüber hinaus hatte er die üble Angewohnheit, Kardinäle abzumurksen, um sich deren Besitz unter den Nagel zu reißen. Zölibat hin oder her, er schaffte es, mehrere Kinder in die Welt zu setzen und legendäre Orgien im Vatikan abzuhalten. Gerüchten zufolge soll er außerdem seine Schwester Lucrezia vergewaltigt haben.

9. Benedikt IX. (1032–1048)

Einige Jahre nach dem Tod Benedikts sagte sein Nachfolger Papst Viktor III. über ihn, er habe »als Papst ein Leben so abscheulich, so verdorben und so grässlich geführt, dass es mich schaudert, wenn ich nur daran denke«. Viktor warf Benedikt zudem »Vergewaltigungen, Morde und andere unaussprechliche Akte der Gewalt und Sodomie« vor. Benedikt war übrigens gleich drei Mal Papst. 1036 warf man ihn aus Rom hinaus, aber er konnte den Kaiser des Heiligen Römischen Reichs davon überzeugen, ihn wieder einzusetzen. 1044 gelang es der Opposition, die gegen sein Leben in Saus und Braus Sturm lief, ihn erneut aus der Stadt zu jagen. Nun griff er auf eine Armee zurück, um den Widerstand zu brechen. Dann trat er zur allgemeinen Verwirrung zurück. Es wurde ein neuer Papst gewählt, aber Benedikt stellte fest, dass er das Papstsein irgendwie doch ganz dufte fand, also scharte er erneut eine Armee um sich und holte sich den Thron zurück. Schließlich wurde ein anderer Papst verkündet und Benedikt wurde exkommuniziert. Es lässt sich guten Gewissens sagen, dass seine Amtszeit keineswegs vorbildhaft war.

8. Johannes XII. (955–964)

Die *Katholische Enzyklopädie* beschreibt Johannes XII. als »groben, unmoralischen Menschen, dessen Leben dergestalt war, dass die Menschen vom Lateran als Bordell sprachen und die moralische Verderbtheit in Rom zum Gegenstand allgemeinen Odiums wurde«. Johannes XII. hatte reichlich Sex, außerdem stand er darauf, Leute ermorden zu lassen, Kriege anzuzetteln und Säuberungen unter seinen Widersachern durchzuführen. Als er starb, war er noch keine 30. Einem besonders beliebten Gerücht zufolge, wurde er von einem Mann getötet, der ihn beim Ehebruch mit seiner Frau überraschte.

7. Stephan VI. (896–897)

Stephan konnte seinen Vorgänger Papst Formosus nicht leiden. Dass Formosus bereits seit sechs Monaten tot war, als Stephan 896 ins Amt kam, störte Stephan nicht in seiner Rache. Er ließ seinen Widersacher ausbuddeln, in Gewänder hüllen und vor Gericht stellen. Wie groß mag die Überraschung gewesen sein, als Formosus für schuldig befunden wurde. Stephan ließ ihm mehrere Finger entfernen und den Leichnam durch die Straßen Roms zerren, bevor man den Ex-Papst in den Tiber warf. Möglicherweise hatte er noch diversen anderen Schabernack in Vorbereitung, aber nach nicht einmal einem Jahr im Amt mit dem komischen Hut wurde er stranguliert.

6. Urban VI. (1378–1389)

Die Wahl von Urban VI. führte zu einem Bruch der Kirche. Urban musste sich mit diversen Gegenpäpsten auseinandersetzen und war auf allen Seiten von Feinden umgeben. Versöhnung war sein Ding nicht, stattdessen rief er dazu auf, alle umzubringen, die Ränke gegen ihn schmiedeten. Er genoss einen so schlimmen Ruf, dass es hieß, er habe sich beschwert, die Schmerzensschreie seiner Gefangenen seien nicht laut genug.

5. Bonifatius VIII. (1294–1303)

1302 veröffentlichte Bonifatius eine päpstliche Bulle, in der es heißt, »dass es für jedes menschliche Geschöpf unbedingt notwendig zum Heil ist, dem Römischen Bischof unterworfen zu sein«. Anders formuliert: Bonifatius stand auf Macht. Er ließ seinen Worten Taten folgen, führte Eroberungskriege, zerstörte zahlreiche Städte und tötete tausende unschuldige Menschen. Dante zufolge betrieb Bonifatius zudem einen regen Ablasshandel[1] – ein Verbrechen, das ihm Dante zufolge einen Platz im achten Kreis der Hölle einbrachte.[2]

4. Johannes Paul II. (1978–2005)

Unter der Ägide von Johannes Paul II. betrieb die katholische Priesterschaft Kindsmissbrauch in großem Stil. Jahrzehntelang trug er dazu bei, dass alles schön unter den Teppich gekehrt

....

1 Mit einem Ablass konnte man sich bei der Katholischen Kirche von Sünden freikaufen.

2 Die vielen Toten störten Dante offenbar nicht so sehr. Das waren halt andere Zeiten.

wurde. Persönlich sorgte Johannes Paul dafür, dass Ermittlungen gegen bekannte Kinderschänder eingestellt wurden. Darüber hinaus erklärte er, während Aids die Welt heimsuchte, Kondome zu benutzen sei eine Todsünde. Führende afrikanische Katholiken verbreiteten in ihrer Gefolgschaft sogar die Mär, Kondome hätten winzige Löcher, durch die das HI-Virus durchrutsche, und insofern seien Kondome völlig nutzlos. Die Folge: Unzählige Millionen Menschen infizierten sich mit HIV.

3. Innozenz VIII. (1484–1492)

Innozenz, »der Unschuldige«, ja, genau. Dieser Papst erließ eine Bulle, in der die Existenz der Hexerei bestätigt wurde. Im Verlauf der nächsten beiden Jahrhunderte wurden geschätzte 500 000 Frauen getötet und eine unbekannte Zahl gefoltert.

2. Pius XI. (1922–1939)

1930 brachte Papst Pius XI. die deutsche Zentrumspartei dazu, nicht länger mit den Sozialdemokraten gemeinsame Sache gegen die Nationalsozialisten zu machen. 1933 brachte er dieselbe Partei dazu, den Ermächtigungsgesetzen zuzustimmen, die Adolf Hitler die Befugnisse eines Diktators verliehen. Mit Hitler schloss er darüber hinaus ein Freundschaftsabkommen, das sogenannte Reichskonkordat. Hitler jubelte, dass das Konkordat Deutschland Möglichkeiten eröffne und ein Vertrauensgefühl schaffe, das vor allem vor dem Hintergrund des aufziehenden Kampfs gegen das »Weltjudentum« von großer Bedeutung sei. Und auch als Franco die demokratisch gewählte Regierung Spaniens stürzte, war Pius zur Stelle und sprach dem faschistischen General seine Unterstützung aus.

1. Urban II. (1088–1099)

1095 rief Papst Urban II. dazu auf, ein großes Heer zusammenstellen und Jerusalem von den Muslimen zu befreien. Es war der Auftakt des ersten Kreuzzugs. In der Welle der Wut, die Europa nun überrollte, wurden in ganz Europa Juden von wilden Mobs abgeschlachtet, es gab Gewalt gegen orthodoxe Christen im Osten und die christlichen Ritter wüteten im Nahen Osten. 1099 eroberten die Kreuzzügler Jerusalem und massakrierten die dort lebende muslimische Bevölkerung. Bis heute leidet die Menschheit unter den Folgen der Politik von Urban II. Herzlichen Dank dafür.

DIE SCHLIMMSTEN PRÄSIDENTEN DER VEREINIGTEN STAATEN

Als Grundlage dient eine Umfrage, die der US-Fernsehsender *C-SPAN* 2017 unter Historikern durchführte. Der Parlamentssender bat ein Gremium von Akademikern, Präsidenten in zehn unterschiedlichen Kategorien jeweils bis zu zehn Punkte zu geben. Die Kategorien waren: Überzeugungskraft in der Öffentlichkeit, Krisenpolitik, Wirtschaftspolitik, moralische Autorität, Außenbeziehungen, Verwaltung, Verhältnis zum Kongress, Visionen/Agendasetting, Eintreten für Gleichheit und Abschneiden unter Berücksichtigung des zeitlichen Rahmens. Bester Präsident mit 906 Punkten wurde Abraham Lincoln. Donald Trump war zum Zeitpunkt der Erhebung noch nicht lang genug im Amt, um hier berücksichtigt zu werden, insofern ist es durchaus denkbar, dass sich diese Liste in naher Zukunft noch verändern könnte.

10. Martin Van Buren (1837–1841), Punkte: 450

Historiker verdammen Van Buren dafür, dass er sich gegen die Abschaffung der Sklaverei aussprach und dass er in Zeiten wirtschaftlicher Depression im Amt war. Außerdem half er dabei, die moderne Demokratische Partei aufzubauen, was nicht jeder als eine gute Sache ansieht …

9. Chester A. Arthur (1881–1885), Punkte: 446

»Es fiele schwer, die Regierungsarbeit von Präsident Arthur zu verbessern«, schrieb Mark Twain und zur Abwechslung ist die Nachwelt einmal nicht einer Meinung mit dem großen Autor.

Die einzigen Ranglisten, in denen der arme Chester heute noch auf Spitzenplätzen auftaucht, sind die über die Präsidenten, die am wenigsten in Erinnerung hängen geblieben sind. Er verprellte es sich mit kaum jemand, aber es fällt auch schwer, große Errungenschaften dieses Präsidenten hervorzuheben.

8. Herbert Hoover (1929–1933), Punkte: 416

Hoover war an der Macht, als sich im Sommer 1929 die Aktienmärkte überhitzten. Was tat er? Nichts. Im Oktober brach die Wall Street zusammen und als die Welt in einer schweren Wirtschaftskrise versank, sperrte er sich dagegen, dass Washington Hilfsmaßnahmen auflegte. Kurz gesagt: Er hat's versemmelt.

7. Millard Fillmore (1850–1853), Punkte: 393

Harry S. Truman bezeichnete Fillmore als »schwachen, gewöhnlichen Daumendreher, der nichts unternahm, was irgendjemand missfallen könnte«. Das stimmt nicht so ganz, denn er verscherzte es sich mit vielen Gegnern der Sklaverei, als er sich auf die Seite der Sklavenhalter stellte und das *Fugitive Slave Law* durchsetzte, das die Nordstaaten zwang, entlaufene Sklaven ihren »rechtmäßigen Besitzern« zu übergeben.

6. William Henry Harrison (1841), Punkte: 383

Harrison starb nach gerade einmal 31 Tagen im Amt, das Folgende darf man ihm also eigentlich gar nicht ankreiden. Dennoch war es sein Ableben, durch das John Tyler (siehe Platz 5) an die Macht kam. Schlecht benotet wurde er auch deshalb, weil er, als er noch nicht Präsident war, bei Massenmorden an amerikanischen Ureinwohnern eine zentrale Rolle spielte.

5. John Tyler (1841–1845), Punkte: 372

Sein Vorgänger war im Amt gestorben, das machte Tyler zum ersten Präsidenten in der Geschichte der USA, der ungewählt an die Macht kam. Er wurde auch als »His Accidency« (»Seine Zufälligkeit«) bezeichnet, nachdem ihn seine eigene Partei noch während seiner Amtszeit vor die Tür setzte. Ein weiteres Novum und erneut etwas, auf das man nicht allzu stolz sein sollte.

4. Warren G. Harding (1921–1923), Punkte: 360

Harding starb im Amt an einem Herzinfarkt. Als er den Löffel abgab, war er bei der Öffentlichkeit ziemlich beliebt, aber später stellte sich heraus, dass er einer der korruptesten Regierungen vorstand, die die USA bis heute erlebt haben. Mehrere Kabinettsmitglieder wurden Verbrechen und Fehlvergehen für schuldig erklärt und rasch wurde publik, dass sich unter seiner Ägide massive Bestechungsskandale zugetragen hatten.

3. Franklin Pierce (1853–1857), Punkte: 315

Pierce war dagegen, die Sklaverei abzuschaffen, aber dennoch gelang es ihm nicht, die abspalterischen Südstaaten zu beruhigen. Außerdem war er ein berüchtigter und gewohnheitsmäßiger Trinker.

2. Andrew Johnson (1865–1869), Punkte: 275

Die Nachfolge von Abraham Lincoln anzutreten, wäre wohl auch dem wohlmeinendsten Politiker der Welt schwer gefallen, aber Johnson legte sich wirklich ins Zeug, seinen illustren Vorgänger in ein richtig gutes Licht zu rücken. Er weigerte sich nach dem Ende des Amerikanischen Bürgerkriegs, den ehemaligen Sklaven Bürgerrechte zuzusprechen, und brachte damit ein Jahrhundert der Ungleichheit und des Leids in den Südstaaten in Gang. Mit dem Kongress verkrachte er sich dermaßen, dass die Wiederaufbaubemühungen nach Kriegsende massiv darunter litten – ein Umstand, der den konservativen Kräften im Süden ebenfalls in die Karten spielte. Und das Repräsentantenhaus leitete ein Amtsenthebungsverfahren gegen ihn ein.

1. James Buchanan (1857–1861), Punkte: 245

Noch ein Präsident, der im Vorfeld des Bürgerkriegs das Problemfeld Sklaverei nicht anging. Er ließ es zudem zu, dass das Thema Sezession überkochte und die USA an den Rand eines blutigen Konflikts steuerte. Wenn die Liste überhaupt etwas beweist, dann, dass amerikanische Historiker noch immer ziemlich sauer sind wegen des Bürgerkriegs.

DIE AM WENIGSTEN BELIEBTEN US-PRÄSIDENTEN

Diese Liste basiert auf Meinungsumfragen, die das Gallup-Institut seit 1937 erhebt. Den höchsten Wert erreichte John F. Kennedy mit durchschnittlich 70,1 Prozent Zustimmung für seine Politik. Es sei darauf hingewiesen, dass diese Mittelwerte auf die gesamte Amtszeit eines Präsidenten bezogen sind. Es ist niederschmetternd, dass ein Nixon in der Gesamtwertung besser abschneidet als ein Barack Obama, aber nachdem jedem klargeworden war, dass er (also Nixon) ein Gauner war, der die Büros politischer Widersacher verwanzte und dann mit gewaltigem Aufwand alles zu vertuschen versuchte, litt auch seine Beliebtheit.

10. Lyndon B. Johnson (1963–1969),
durchschnittliche Zustimmung: 55,1

9. Bill Clinton (1993–2001),
durchschnittliche Zustimmung: 55,1

8. Ronald Reagan (1981–1989),
durchschnittliche Zustimmung: 52,8

7. George W. Bush (2001–2009),
durchschnittliche Zustimmung: 49,4

6. Richard Nixon (1969–1974),
durchschnittliche Zustimmung: 49,1

5. Barack Obama (2009–2017),
durchschnittliche Zustimmung: 47,9

4. Gerald Ford (1974–1977),
durchschnittliche Zustimmung: 47,2

3. Jimmy Carter (1977–1981),
durchschnittliche Zustimmung: 45,5

2. Harry S. Truman (1945–1953),
durchschnittliche Zustimmung: 45,4

1. Donald Trump (2017–??),
durchschnittliche Zustimmung: 39,1[1]

....

1 Stand: 20. Juni 2018. Wer weiß, wo der Wert heute steht, wenn Sie das hier lesen.

DIE GRÖSSTEN LÜGEN, DIE IN DER SCHULE VERBREITET WURDEN

»Fake News« ist nichts, was es erst seit wenigen Jahren gibt. Schon seit sehr, sehr langer Zeit haben wir immer wieder ordentlich danebengelegen – es aber voller Inbrunst unseren Kindern eingebimst.

10. Kolumbus hat entdeckt, dass die Welt rund ist

Religiöse Gelehrte hatten sich lange gegen die Vorstellung gesperrt, dass die Erde rund sein könnte, aber zur Zeit von Christoph Kolumbus hatte sich diese Erkenntnis allgemein durchgesetzt. Der Mythos, Kolumbus habe die wahre Form der Erde entdeckt, scheint auf den Amerikaner Washington Irving zurückzugehen, der im 19. Jahrhundert unter dem Künstlernamen »Rip van Winkle« ein völlig fiktives Streitgespräch zwischen Kolumbus und dem Rat von Salamanca zu Papier brachte.[1] Tatsächlich ist es wahrscheinlicher, dass die Öffentlichkeit Zweifel an Kolumbus' Plänen hegte, weil er die Strecke, die er für eine Weltumrundung auf See würde bewältigen müssen, massiv unterschätzte. Diese Einwände waren nicht ganz unbegründet – doch zum Glück war da Amerika im Weg und verhinderte, dass Kolumbus und seine Männer verhungerten.

---

1 Das Buch dazu heißt *Die Geschichte des Lebens und der Reisen Christoph Columbus.*

9. Kolumbus' Schiffe waren die *Nina*, die *Pinta* und die *Santa Maria*

Die *Nina* hieß in Wahrheit *Santa Clara*, die *Santa Maria* hieß zum damaligen Zeitpunkt *Gallega*. Der tatsächliche Name der *Pinta* ist unbekannt, aber es war wohl auf keinen Fall *Pinta*.[2]

8. Einstein war schlecht in Mathematik

Diese Geschichte kam noch zu Lebzeiten Einsteins auf. Als ihm einmal ein Zeitungsartikel unterkam, der die Überschrift »Größter lebender Mathematiker fiel in Mathematik durch« trug, ließ er eine Richtigstellung drucken. Tatsächlich war er Klassenbester und beherrschte Themen wie Integralrechnung[3] viel früher als seine Mitschüler. Er brachte sich selbst Algebra bei und erarbeitete einen eigenen Beweis für die Theorie des Pythagoras. Wenn also Ihre Kinder mit Plus und Minus Schwierigkeiten haben, können Sie sich nicht länger damit trösten, dass selbst ein Einstein seine Startschwierigkeiten hatte.

....

2 Ohnehin geht man inzwischen davon aus, dass die Wikinger viel eher als Kolumbus Nordamerika erreichten. Tja, dumm gelaufen.

3 Ein für seine Komplexität berühmter Zweig der Mathematik, bei dem es um die Gebiete zwischen und unter Kurven und um die Akkumulation von Quantitäten geht. Sie verstehen nur Bahnhof? Macht nichts, so ging es praktisch der gesamten Menschheit, bis Isaac Newton die Theorie perfektionierte.

7. Van Gogh säbelte sich sein eigenes Ohr ab

Mittlerweile geht man davon aus, dass es Paul Gauguin war, der van Gogh, als die beiden betrunken fochten, mit dem Schwert das Ohr abtrennte, und dass die beiden, als sie wieder nüchtern waren, verständlicherweise nicht mehr allzu viel über das Thema sprechen wollten.

6. George Washington hat den Kirschbaum seines Vaters gefällt

Die Geschichte: Mit der Axt, die er zum sechsten Geburtstag geschenkt bekommen hatte, fällte Jung-George den Baum. Verärgert fragte sein Vater ihn, was denn geschehen sei, woraufhin George sagte: »Ich kann keine Lüge aussprechen … ich habe ihn mit meinem Beil geschlagen.« Ironischerweise ist die ganze Geschichte aber eine Lüge und tauchte erstmals 1806 in der fünften Ausgabe einer Biografie über den großen Mann auf, geschrieben von einem Buchhändler namens Mason Locke Weems.

5. Auf der Zunge gibt es unterschiedliche Geschmacksregionen

Jahrzehntelang wurde den Schulkindern eine »Zungenkarte« gezeigt, auf der zu sehen war, welche Bereiche der Zunge für das Erschmecken von Süßem zuständig sind, welche für Salziges und zwei Spitzen am Rand für Saures. Alles Humbug: Sämtliche Bereiche unserer Zunge können alle Geschmäcker erkennen.

4. Wir nutzen nur zehn Prozent unseres Gehirns

Ach, was wäre das schön, dann gäbe es ja noch Hoffnung für die Menschen, aber tatsächlich beanspruchen wir unseren Gehirnschmalz komplett. Ja, ich weiß, was Sie denken: Das schließt die Möglichkeit der Telepathie vollständig aus.

3. Kilts kommen aus Schottland

Es war ein Engländer, der im 18. Jahrhundert den Highland-Bewohnern diese Kleidung brachte. Thomas Rawlinson war aufgefallen, dass es sich bei der Kleidung, die seine aus den schottischen Highlands stammenden Mitarbeiter trugen, um ein »sperriges, unpraktisches Ornat« handele,[1] also brachte er den Schneider des örtlichen (englischen) Regiments dazu, ihnen etwas Passenderes zu entwerfen. Der Schneider dachte sich den Kilt aus, der Rest ging in die Geschichte ein – wenn es vielleicht auch nicht die Geschichte ist, die nationalistische schottische Kilt-Kult-Anhänger gerne hätten.[2]

2. Im Körper ist das Blut blau

Man hat uns beigebracht, dass Blut, wenn es in Kontakt mit dem Sauerstoff in der Luft gerät, rot wird. Dabei wird der Umstand ignoriert, dass wir ganz schöne Probleme hätten, wenn wir in unserem Körper keinen Sauerstoff hätten. Also: Blut ist immer rot.[3]

....

1 Sie ähnelte eher einem vollen Kleid als einem Kilt.

2 Die Clanfarben (Tartans) wurden sogar noch später erfunden – und auch sie von den Engländern. Und wenn wir schon einmal dabei sind: Bis zum 19. Jahrhundert war das traditionelle Instrument der Highlander die Harfe und nicht der Dudelsack.

3 Dass Venen blau aussehen, liegt daran, dass rotes Licht weniger gut die Haut durchdringt als blaues, insofern sehen wir das blaue Licht deutlicher.

1. Das Chamäleon wechselt seine Farbe, um sich zu tarnen

Tatsächlich ist grundsätzlich das Gegenteil richtig. Chamäleons wechseln ihre Farbe, wenn sie mit anderen Chamäleons kommunizieren wollen – um ihnen zu vermitteln, wie wütend sie gerade sind oder wie spitz. Manchmal ändern sie die Farbe, um ihre Körpertemperatur zu regulieren. Wollen sie Hitze aufsaugen, wechseln sie ins Dunklere und ins Hellere, wenn sie mehr Licht reflektieren wollen.[1]

....

1 Boy-George-Fans aufgepasst: Das Gute ist, dass sich an der grundlegenden Botschaft und Aussage von »Karma Chameleon« nichts ändert. Man könnte sogar behaupten, dass auf diese Weise ein interessanter neuer Aspekt hinzukommt, denn der Farbwechsel eines Chamäleons kann durch Sex motiviert sein.

DIE ZEHN ABSURDESTEN WISSENSCHAFTLICHEN THEORIEN, DIE FRÜHER POPULÄR WAREN

Eine gute wissenschaftliche Theorie zeichnet sich dadurch aus, dass sie überprüfbar ist und dass man sie widerlegen kann. Vielleicht belegt dieser Quatsch hier insofern, dass die Wissenschaft funktioniert. Vielleicht.

10. Schwingungen bringen Brücken zum Einsturz

1831 stürzte in der englischen Grafschaft Lancashire eine Brücke ein, während ein Regiment Soldaten im Gleichschritt darüber marschierte. Glücklicherweise war die Brücke nicht sehr hoch und so kam niemand ums Leben. Unglücklicherweise kam es nun jedermann in den Sinn, dass der Gleichschritt der Soldaten eine Schwingungsfrequenz ausgelöst haben soll und diese habe die Brücke zum Einsturz gebracht. Seitdem werden Soldaten angewiesen, Brücken nicht mehr im Gleichschritt zu überqueren. Dabei wurde später festgestellt, dass bei der eingestürzten Brücke Bolzen schlecht verarbeitet worden waren. Und dass diese Art Resonanz bei den Brücken überhaupt nichts bewirkt.

9. Phrenologie

Dahinter stand die Idee, dass man die Intelligenz und die Persönlichkeit eines Menschen anhand der Form des Schädels ermessen könne. So beliebt war die Theorie im 19. und frühen 20. Jahrhundert, dass Unternehmen damit arbeiteten, wenn sie Mitarbeiter einstellten, dass sie in Geschichten von Sherlock Holmes eine Rolle spielte und dass vor Gericht angeklagte Personen verurteilt wurden, wenn »Fachleuten« für Fragen der Phrenologie die Kopfform der Angeklagten nicht gefiel. Forscher bewiesen später eindeutig, dass Form und Ausprägung des Kopfes überhaupt nichts mit Intelligenz zu tun hat.

8. Die Miasma-Theorie

Bis Louis Pasteur die Existenz von Krankheitserregern nachwies, war man der Meinung, üble Gerüche, schlechte Luft und sogar schmutzige Gedanken würden Krankheiten verursachen. Falsch.

7. Unterschwellige Botschaften

These: Während wir Fernsehen schauen, werden für Sekundenbruchteile Bilder eingeblendet, die uns dazu bringen, Coca-Cola zu trinken, Popcorn zu essen, die Konservativen zu wählen, Satan anzubeten oder andere verkommene Dinge zu tun. Alles Humbug. Die Vorstellung war besonders während der 1960er-Jahre sehr beliebt, als Dienste wie die CIA ihre eigenen Experimente zu Gedankenkontrolle durchführten. Es war aber alles bloß die Erfindung eines Marktforschers namens James Vicary, der auf diese Weise seine Beraterfirma vor dem Scheitern bewahren wollte. Die Experimente, mit denen Vicary seine Theorie untermauerte, erwiesen sich allesamt als getürkt und Vicary räumte letztlich ein, dass es sich nur um einen Trick handelte, aber da war es schon zu spät. Hätte er doch bloß nachweisen wollen, dass es immer Menschen gibt, die jeden Scheiß glauben.

6. Ratten haben im 17. Jahrhundert die Pest verursacht

Es wäre schön, wenn man den Ratten die Schuld daran geben könnte, diese verheerende Krankheit über die Menschen gebracht zu haben, und sei es nur, um unsere Vorurteile gegenüber

diesen ekligen Tieren bestätigt zu sehen. Aber die meisten vor-
liegenden Fakten sprechen dafür, dass sich die großen Pestwellen
der 1660er-Jahre zu rasch ausbreiteten, um von Ratten verbreitet
zu werden. Außerdem nahmen die Menschen, als sie aus London flohen, die Ratten nicht mit aufs Land – die Krankheit aber
sehr wohl. Und zu guter Letzt sei noch darauf
hingewiesen, dass damals Islands Bevölkerung dramatisch reduziert wurde – obwohl es
dort seinerzeit keine Ratten gab.

5. Hysterie

Es seien Missverhältnisse im Leib, die Frauen verrückt machen.
Diese These war bereits bei den alten Griechen beliebt. Im 16.
Jahrhundert schwang sich diese Theorie auf eine ganz neue
Stufe, als ein niederländischer Arzt verkündete, eine Stimulation
der Genitalien könne dieses (nicht existierende) Problem aus der
Welt schaffen. Bis ins 19. Jahrhundert versuchten Mediziner
fortan regelmäßig, ihren Patientinnen mit der Hand zu gesund-
heitsfördernden Zuckungen zu verhelfen. Das war offenbar dermaßen ermüdend, dass die Ärzte mechanische »Manipulatoren«
und letztlich den Vibrator erfanden.[1]

4. Eugenik

Zu Beginn des 20. Jahrhunderts gewann eine Idee rasch enor-
men Zulauf: Nur die Gesündesten sollten sich fortpflanzen dürfen, außerdem war man überzeugt, dass Charakterzüge wie beispielsweise Faulheit erblich sein könnten. Besonders beliebt war
diese Vorstellung aus offensichtlichen und erschreckenden

....

1 Sie haben somit die Welt für einige Frauen zu einem besseren Ort gemacht. Wenn auch unabsichtlich.

Gründen bei Rechtsextremen und bei den Nationalsozialisten – aber auch bei den politisch Linken fand sie Anklang. Bertrand Russell, der sich für nukleare Abrüstung stark machte und gemeinhin sehr respektiert wurde, schlug vor, alle Menschen sollten »Fortpflanzungs-Tickets« erhalten, die farblich abgestuft ihr Brutpotenzial zeigen. Wer Kinder mit Personen falscher Farbe zeugte, solle bestraft werden. Romantisch geht anders. Wie auch immer: Neben den moralischen Problemen, die diese Theorie aufwirft, bewirkt sie auch genau das Gegenteil des Erwünschten, denn auf diese Weise wird die genetische Vielfalt verringert und damit die Menschheit geschwächt.

3. Alchemie

Vom 15. bis zum Beginn des 19. Jahrhunderts wurde sehr viel wissenschaftliche Energie darauf verwendet, unedles Metall in Gold zu verwandeln. Lassen wir einmal außer Acht, dass niemandem jemals diese Umwandlung gelungen ist (weil es unmöglich ist), ist es auch eine besonders blöde Idee. Gold bezieht seinen Wert daraus, dass es so selten ist. Hätte jemand tatsächlich einen Weg gefunden, Gold in rauen Mengen herzustellen, wäre das Edelmetall künftig wertlos geworden.

2. Prägung durch die Mutter

Den Großteil der Menschheitsgeschichte über galt ein simpler wissenschaftlicher Grundsatz: »Da ist etwas schief gelaufen? Die Frauen sind Schuld!« Die Prägungs-Theorie besagte: Wenn die schwangere Mutter schlechte Dinge dachte, Angst hatte oder auf andere Weise emotional aufgewühlt war, würde sich das auf das Ungeborene auswirken und Geburtsfehler auslösen oder später psychologische Probleme verursachen.

1. Tabak ist gesund

Europäische Entdecker brachten den Tabak aus Südamerika nach Europa und schon bald breitete sich die Überzeugung aus, ein schöner Tabakrauch-Einlauf könne von Verstopfung bis hin zu Epilepsie alles heilen. Auch Menschen, die in Flüsse fielen, bekamen Tabakrauch in den Hintern gepustet – als ob das Ertrinken nicht schon schlimm genug sei. Diese Praxis war bis zum frühen 19. Jahrhundert populär, erst dann erkannte man langsam, dass Tabak in Wahrheit ein Gift ist. Im Deutschen sagt man »jemandem Zucker in den Arsch blasen«, wenn man eine Person mit falschen Lobhudeleien überschüttet, im Englischen bläst man stattdessen Tabakrauch (»blowing up smoke someone's arse«).

DIE SCHLIMMSTEN MEDIZINISCHEN EINGRIFFE DER GESCHICHTE

Wenn man bedenkt, dass die Medizin viele lange Jahre fast ausschließlich von Quacksalbern, Scharlatanen und verhinderten Massenmördern praktiziert wurde, ist es immer wieder erstaunlich, dass sie sich dennoch zu einer dermaßen fähigen und sachkundigen Profession entwickeln konnte.

10. Trepanieren

Eine uralte Behandlungsmethode, bei der einem ein Loch in den Schädel gebohrt wird, um Druck vom Gehirn zu nehmen und böse Geister herauszulassen. Muss ich ausführlich erklären, warum das keine besonders gute Idee ist?

9. Lobotomien

Mitte des 20. Jahrhunderts »verfeinerten« die Ärzte die Methode des Trepanierens und begannen, ganze Teile des Gehirns herauszuschneiden, um diverse psychiatrische Auffälligkeiten aus der Welt zu schaffen. Leider wurden dabei die geistigen Fähigkeiten stark eingeschränkt. Und welch Überraschung: Größtenteils wurden Lobotomien an Frauen und Minderheiten verübt. Der Erfinder der Methode gewann einen Nobelpreis mit der Begründung, dass Lobotomien die Pflege von Patienten erleichtern würden. Kritiker hielten dagegen, dass man durch Tötungen zum selben Ergebnis käme.

8. Tote Mäuse gegen Warzen

Im England von Königin Elisabeth rieten die Ärzte bei Warzen dazu, eine Maus zu halbieren und sie auf die Warzen zu legen. Auch hier muss ich wohl nicht groß erklären, warum das nicht die beste aller Ideen ist, oder?

7. Beruhigungssirup

Im 19. und frühen 20. Jahrhundert stellten gequälte Eltern hyperaktive und lautstarke Kinder mit »Beruhigungssirup« still. Das war nicht ganz ohne, wie die *New York Times* 1910 erklärte: »Eine Untersuchung […] hat gezeigt, dass in nahezu allen angebotenen Beruhigungssirups Sulfatmorphin, Chloroform, Morphinhydrochlorid, Kodein, Heroin, Opiumpulver, Indischer Hanf und Kombinationen aus diesen gefährlichen ›Ruhigstellern‹ als aktiver Wirkstoff enthalten ist.« Dank all dieser Leckereien waren die Sirupe tatsächlich sehr gut darin, störende Kinder auszuknocken. Nicht selten jedoch endete dieser Knockout tödlich.

6. Diätpillen auf Amphetamin-Basis

Dank Speed in ihren Diättabletten gelang es Frauen in den 1950er-Jahren tatsächlich, an Gewicht zu verlieren. Und viele Frauen stellten fest, dass ihnen auch die langweilige Hausarbeit flotter von der Hand ging. Die Schattenseite: Der Konsum von Speed macht Menschen oftmals psychotisch, schlägt aufs Herz und zieht eine lange, langsame und deprimierende Phase nach sich, wenn die Wirkung abklingt.

5. Diätpillen auf Bandwurm-Basis

Nicht nur eine absolut widerwärtige Idee, es hat sich möglicherweise auch um eine Verarsche gehandelt. In den 1920er-Jahren behaupteten Anbieter, sie würden Tabletten verkaufen, die echte Bandwurmeier und getrocknete Würmer enthalten. Die meisten (alle?) waren Fälschungen.

4. Quecksilber

Im Europa der frühen Moderne nutzte man Quecksilber zur Behandlung von Syphilis und Verstopfung. Funktionierte nur leider nicht. Wofür das Quecksilber allerdings gut war: zum Herbeiführen von Herzinfarkten und Lungenproblemen, Zittern, Brustschmerzen, Muskelzuckungen, Depressionen und einer Neigung zum Selbstmord. Mozart war einer von tausenden Menschen, die an Quecksilbervergiftung starben.

3. Aderlass

Schon die alten Griechen waren Befürworter des Aderlasses, denn nach ihrer Theorie gab es vier »Säfte«, die den Körper ebenso beherrschten wie seine Fähigkeit, Krankheiten abzuwehren – Schwarzgalle (Melanchole), Gelbgalle (Chole), Schleim (Phlegma) und Blut. Diese Lehre hielt sich bis in 19. Jahrhundert hinein. Zu viel Schwarzgalle und man wird melancholisch, zu viel Gelbgalle und man führt sich cholerisch auf. Zu viel Schleim und man ist phlegmatisch, zu viel Blut und man ist Sanguiniker. Um das gewünschte Gleichgewicht zu erzielen, muss man wieder und wieder zur Ader gelassen werden. Viele tausende Menschen wurden von ihren Ärzten getötet, als diese ihre ohnehin bereits von der Krankheit geschwächten Patienten mit nicht sterilisierten Instrumenten zur Ader ließen.

2. Hemiglossektomie hilft gegen Stottern
Bei dieser Prozedur wird die halbe Zunge entfernt. Ohne Betäubung. Es half nicht – außer man verbucht »Patient kann nicht mehr sprechen« und »Patient ist tot« als Erfolgserlebnis bei der Behandlung von Sprachdefiziten.

1. Die Ziegenhoden-Therapie
In Kansas verdiente sich in den 1920er-Jahren ein Quacksalber namens John Romulus Brinkley dumm und dämlich, indem er Menschen beiderlei Geschlechts Ziegenhoden implantierte, um auf diese Weise Impotenz und andere sexuelle Probleme zu kurieren. Er verdiente damit so viel Geld und wurde dermaßen beliebt, dass er um ein Haar zum Gouverneur seines Staats gewählt wurde. Leider war er auch für den Tod hunderter, möglicherweise auch tausender Menschen verantwortlich. Er gilt heute als einer der umtriebigsten (wenn auch zufälligen) Killer des 20. Jahrhunderts.

KAPITEL 8

MODERNES LEBEN

Jede Generation beklagt gerne, dass die Zeiten so hart sind, dass es um die Moral immer schlimmer steht und dass unsere Sitten immer merkwürdiger werden. Jede Generation liegt damit meist falsch. So gut wie heute hat die Menschheit wohl noch nie gelebt. Die durchschnittliche Lebenserwartung steigt, die Zahl der Gewaltverbrechen geht zurück, das Essen wird besser, selbst das Fernsehen bringt mehr und mehr Meisterwerke hervor. Aber das bedeutet nicht, dass es fortan keine Herausforderungen mehr zu bewältigen gilt. Und dass wir nicht immer wieder an ihnen verzweifeln werden.

DIE ZEHN DÜMMSTEN TRENDS AUF YOUTUBE

10. Die Bananen-Challenge

Ist es möglich, eine Banane zu essen, während man eine Strumpfhose über den Kopf gezogen hat? Offenbar nicht, aber das hat
Tausende nicht davon abgehalten, es trotzdem zu versuchen,
selbst dann noch, als der Witz schon längst nicht mehr witzig
war. Hat man eine Person dabei beobachtet, wie sie eine Banane
durch eine Strumpfhose zu quetschen versucht, hat man im
Grunde genug gesehen. Trotzdem wurden tausende dieser »lustigen« Filmchen ins Netz gestellt.

9. Die Bananen-und-Sprite-Challenge

Nicht mit der Bananen-Challenge zu verwechseln, aber genauso
bescheuert. Hier geht es darum, zwei Bananen zu verschlingen und
mit einem Liter Sprite herunter zu spülen, ohne sich zu übergeben. Da der Magen ohnehin nicht dafür ausgelegt ist, dermaßen
viel Flüssigkeit aufzunehmen, ist Würfelhusten angesagt. Das ist
wie »Die letzten Tage des Römischen Reichs« für arme Leute.

8. Die Kylie-Jenner-Challenge

Einigen Leuten gefällt die Schnute von Kylie Jenner, deshalb
dachten sie sich: »Das kann ich auch.« Also quetschten sie ihre
Lippen in ein Schnapsglas, bis die Lippen ganz geschwollen wa-
ren. Diese Mode war Inspiration für Hunderttausende Videos.
Außerdem ging reichlich Glas zu Bruch und ließ Leute mit
Scherben im Gesicht zurück.

7. Die Cold-Water-Challenge

Springen Sie in einen eiskalten See. Wenn Sie es überleben, schwimmen Sie zum anderen Ufer. 2014 bezahlten einige unglückliche Seelen diese »Mutprobe« mit ihrem Leben.

6. Die Salt-and-Ice-Challenge

Der Gedanke dahinter: Reibt man seine Haut erst mit Salz und dann mit Eis ein, zwiebelt es ganz besonders fies, weil Salz den Gefrierpunkt des Wassers senkt. Diese Theorie wurde tausendfach bestätigt, hinterließ bei vielen Teilnehmern, darunter auch vielen Kindern, Narben und Verbrennungen der Haut.

5. Die Cinnamon-Challenge

Es geht darum, innerhalb einer Minute einen Löffel voll gemahlenen Zimt zu schlucken. Ohne Wasser. Was bedeutet, auf Mund und Rachen legt sich ein Zimtfilm, der Würgen, Erbrechen und grenzenlose Heiterkeit verursacht. Ganz zu schweigen davon, dass das Puder in die Lunge gerät und dort Emphyseme verursacht, dass sich Narben auf der Lunge bilden und dass es Berichte über kollabierte Lungenflügel gibt. Zwischen Januar und März 2012 (als die Challenge täglich 70 000 Erwähnungen auf Twitter erhielt) verzeichneten in den USA die auf Vergiftungen spezialisierten medizinischen Zentren 120 Notfälle, als aus der Witznummer böser Ernst wurde.

4. Die Kondom-Challenge

Man steckt sich ein Kondom in ein Nasenloch, schnieft es in den Rachen und zieht es aus dem Mund wieder heraus. Läuft es wie geplant, haben wir es bloß mit einer ekelhaften und schmerzvollen Angelegenheit zu tun. Läuft es dagegen nicht wie geplant, steckt einem in der Atemröhre ein Gegenstand, der dafür gedacht ist, starke Belastungen auszuhalten. Viel Spaß dann im nächsten Leben!

3. Das Ohnmachtsspiel

Sie bitten einen Freund, Druck auf ihren Brustkorb auszuüben und Ihnen so die Luft zu nehmen. Oder er soll Sie in den Würge-griff nehmen (deshalb heißt es alternativ auch das »Würgespiel«). Haben Sie gerade keinen Freund zur Hand, können Sie das Ganze auch mit einer Schlinge spielen. Diejenigen, die diesen »lustigen Zeitvertreib« überleben, leiden trotzdem, denn Ge-hirnzellen, denen der Sauerstoff entzogen wurde, wachsen nicht nach. Ich weiß, ich weiß, der Witz schreibt sich von alleine.

2. Biernominierung (oder englisch *neknomination*)

Man trinkt vor laufender Kamera sehr rasch sehr große Mengen an Alkohol, dann fordert man zwei Freunde auf, es einem nach-zutun. Jemand hat die Einsätze noch erhöht, indem er besonders fiese Cocktails zusammenstellte. Jemand anderes hat Wasser mit einem Goldfisch drin getrunken. Beim nächsten gab es Gin mit einer toten Maus drin. 2014 erreichte dieser Trend seinen bisherigen Höhepunkt und damals starben allein in London mindestens fünf Menschen an Alkoholvergiftung.

1. The Fire-Challenge

Bei diesem Zeitvertreib reiben Sie sich mit einer brennbaren Flüssigkeit ein und zünden diese dann vor laufender Kamera an. Während ich das schreibe, gibt es dazu auf YouTube über 65 000 Videos. Wenn ich Ihnen erst die Hirnrissigkeit der ganzen Idee darlegen muss, gehören Sie vermutlich zu denjenigen, die unbedingt noch weitere Videos zu dieser beträchtlichen Auswahl beisteuern wollen.

DIE ZEHN BESCHEUERTSTEN KÜCHENGERÄTE

Einige Leute wirken mit am Bau von Raumschiffen. Andere erfinden energiesparende Gerätschaften, die uns beim Kampf gegen die globale Erwärmung unterstützen sollen. Und dann gibt es Menschen, die Küchengeräte entwickeln, die komplett zweckfrei sind.

10. Buttermühle
Man legt Butter in einen Behälter, setzt den Deckel mit der gewundenen Kurbel drauf, kurbelt die gewundene Kurbel und schon spuckt die Buttermühle einen dünnen Streifen Butter aus. Mit einem Messer und etwas Intelligenz hätten Sie etwas Derartiges natürlich niemals hinbekommen, oder?

9. Eigelbtrenner
Ein Gerät, das mithilfe von Saugkraft Eigelb und Eiweiß voneinander trennt. Die reinste Magie, oder? Und gleichzeitig eine Lösung für ein nicht existentes Problem. Das Gerät zu bedienen sieht weitaus schwieriger aus als das Trennen von Eiweiß und Eigelb mithilfe zweier halber Eischalen.

8. Thunfischpresse
»Was in aller Welt ist eine Thunfischpresse«, höre ich Sie fragen. Nun, das ist ein Art Sieb, das Ihnen dabei hilft, das Öl oder die Lauge aus Ihrer Büchse Thunfisch abzugießen. Sie legen es auf die geöffnete Dose auf, drücken die Presse herunter, drehen die Dose dann um und quetschen die Flüssigkeit heraus. »Was kann

ich mit der Presse machen, was ich mit dem Deckel der Konserve nicht hinbekomme«, fragen Sie verwundert nach. Nichts.

7. Zwiebelschäler

Seit Tausenden von Jahren haben es Menschen geschafft, nur mit ihren Händen und einem Messer eine Zwiebel zu schälen. Dieses Gerät schafft auch nicht mehr, kostet aber 20 Euro.

6. Omelette-Maker

Ein Elektrogerät für knapp 60 Euro. Man tut alle Zutaten für das Omelett in den Behälter, schließt den Deckel, schaltet das Gerät ein und wie von Zauberhand geschieht das, was der Rest der Menschheit genauso gut in der Pfanne hinbekommt.

5. Elektrischer Weinflaschenöffner

Endlich mal etwas, was viel nützlicher als die meisten anderen Küchengeräte ist. Im Gegensatz zu einem Korkenzieher kann dieser Geldverschwendung nämlich der Strom ausgehen, was Ihnen dabei hilft, nüchtern zu bleiben.

4. Fondoodler

Eine Art Heißklebepistole, nur belädt man sie mit Käse. Der Käse wird erhitzt und dann quetscht man heiße Käsewürmer heraus. Woher soll ich denn wissen, wozu das gut ist?!

3. Bacon Express

Wie ein Toaster, aber für Bacon. Muss ich noch mehr sagen? Okay. Kostet 60 Euro. Sie hängen Ihren Frühstücksspeck über ein Heizelement wie feuchte Unterwäsche über die Heizung, schließen das Gerät, stellen die Dauer ein und warten, während der

Bacon in seinem dunklen Gefängnis Fett in einen Auffangbehälter absondert. Während Ihr liebster Snack natürlich wieder zu kross wird, können Sie darüber sinnieren, ob sich nicht irgendein kluger Kopf eines Tages eine bessere Methode zur Zubereitung von Bacon ausdenken könnte … eine Art offenes, flaches Metall, das man auf eine Kochfläche stellen kann, vielleicht noch mit einem Griff dran?

2. Eierwürfler
Verwandelt eiförmige hartgekochte Eier in würfelförmige hartgekochte Eier. Da fragt man sich doch, was mit der natürlichen Form der Eier nicht in Ordnung war. Klare Antwort: Nichts.

1. Ham Dogger[1]
Ein röhrenförmiges Gerät, in das man Fleisch und andere Zutaten stopft, um sich einen Hamburger in Hot-Dog-Form zu zaubern. Das Leben ist ohnehin schon völlig sinnentleert, warum seinem Fleisch also nicht eine vage exkrementartige Form verpassen, um so auf die Sinnlosigkeit der Existenz hinzuweisen?

....

1 Das Teil heißt wirklich so, so einen Quatsch denke ich mir doch nicht aus. Sie glauben mir nicht? Dann sehen Sie selbst: http://www.kitchenart.com/SearchResults.asp?Search=Ham+Dogger&Submit=Search

DIE ZEHN GEFÄHRLICHSTEN HAUSHALTSGERÄTE[2]

Die eigenen vier Wände liegen ganz weit vorne, was Unfälle angeht. Außerdem sind die Unfälle oftmals viel peinlicher als alle anderen.

10. Verlängerungsschnüre
Sie verursachen nicht nur zigtausend Feuer jedes Jahr, sie bringen auch tausende Menschen ins Stolpern und in die Notaufnahme des nächstgelegenen Krankenhauses.

9. Rasenmäher
Selbsterklärend, oder?

8. Whirlpool
Wenn die Menschen in diesen Bakterienschleudern nicht gerade einen Herzinfarkt bekommen und ertrinken, können sie sich dort zumindest ein paar interessante Krankheiten holen.

7. Bleiche
Ich hätte ja gedacht, dass es sich mittlerweile herumgesprochen hat, wie ungesund es ist, Bleiche zu trinken. Und dennoch sterben Jahr für Jahr Hunderte auf diese Weise. Wer nicht daran stirbt, freut sich vielleicht über schwere Verbrennungen und Schädigungen der Atemwege.

....

2 Diese Liste basiert auf Informationen der amerikanischen Kommission für die Sicherheit von Verbraucherprodukten, der amerikanischen Occupational Safety & Health Administration (eine Unterbehörde des Arbeitsministeriums) und der amerikanischen Behörde zur Feuerprävention.

6. Swimmingpools
Nette Sache. Aber allein in den USA sterben jedes Jahr 350 Menschen im Pool.

5. Kerzen
Ebenfalls eine nette Sache, aber schuldig an fast fünf Prozent aller Brände in Privatheimen.

4. Fernseher
Je größer sie werden, desto schmerzhafter wird es, wenn sie auf einen stürzen. Über 40 000 Menschen verletzen sich allein in den USA jedes Jahr auf diese Weise.

3. Elektronisches Werkzeug
Sie bringen fast eine halbe Million Menschen jedes Jahr in die Notaufnahme (auch hier: allein in den USA). Die Gründe liegen auf der Hand.

2. Trampoline
Erstaunliche 100 000 Amerikaner verletzen sich jedes Jahr beim Herumhüpfen. Wer hätte gedacht, dass eine Vorrichtung, die Menschen in die Luft schleudert, dermaßen gefährlich sein könnte?

1. Treppen
Eine ausgesprochen nützliche Erfindung (vor allem für Menschen, die nicht im Erdgeschoss leben), aber jedes Jahr sterben über 10 000 Amerikaner bei Unfällen, die mit Treppenstufen zu tun haben.

DIE ZEHN SCHÄDLICHSTEN DROGEN

2007 erschien im Wissenschaftsmagazin *Lancet* eine Umfrage, für die David Nutt verantwortlich zeichnete, der Vorsitzende des Ausschusses, der die britische Regierung in Fragen der Drogenpolitik berät. Nutt bat britische Fachleute für Psychiatrie, Pharmakologie und Sucht, Drogen nach drei Arten von Schaden zu bewerten – dem Schaden für die geistige Gesundheit, dem Potenzial, süchtig zu machen, und dem Schaden für die Gesellschaft. Die Studie hieß »Ein vernünftiger Maßstab zur Bewertung der Gefahren von Drogen«. »Vernünftig« war ein ziemlich unverhohlener Seitenhieb gegen die Drogenpolitik der britischen Regierung, die damals (wie heute) Drogen wie Ecstasy, LSD und Cannabis als viel gefährlicher behandelt als viele legale Substanzen, die deutlich mehr Schaden anrichten. Wie auch immer, jede Droge wurde auf einer Skala von 1 bis 3 bewertet und entsprechend in der Rangliste eingeordnet.

10. Tabak – 1,54
Das süchtig machende Blatt der Tabakpflanze wird getrocknet und gerollt, bevor man es raucht. Es löst in Menschen die Illusion aus, sie seien französische Filmstars der 1950er-Jahre.

9. Buprenorphin – 1,6
Ein Schmerzmittel aus der Gruppe der Opioide.

8. Amphetamin – 1,6
Eine Psychostimulans, die gegen Müdigkeit hilft, den Hunger unterdrückt und in Menschen das merkwürdige Verlangen

weckt, zu Hochgeschwindigkeitstechno aus Deutschland zu tanzen.

7. Benzodiazepin – 1,62
Ein hypnotisierendes Relaxans, das gegen Schlaflosigkeit und Angstgefühle hilft. Drogen wie Diazepam und Temazepam zählen zu dieser Klasse. Shaun Ryder, der Sänger der britischen Band Happy Mondays, fand großen Gefallen an diesen Drogen. Vielleicht ist das der Grund dafür, dass die berühmtesten Rezension ihres vierten Albums *Yes Please* kurz und knapp ausfiel: »Nein danke«

6. Ketamin – 1,68
Ein mildes Halluzinogen, vor allem als Beruhigungsmittel für Pferde bekannt, dabei wird es häufiger benutzt, um Katzen unter Narkose zu setzen. Das klingt dann allerdings nicht ganz so cool.

5. Alkohol – 1,71
Eine psychoaktive Substanz, die früher oral verabreicht wurde, um Partys erträglicher zu machen. In den nördlichen Ländern wird sie als Schutz gegen das miese Klima angewendet.

4. Methadon – 1,9
Ein synthetisches Opioid, das Heroinsüchtigen als Ersatzmittel verabreicht wird.

3. Barbiturate – 2,2
Synthetische Beruhigungsmittel, die in der Anästhesie eingesetzt werden.

2. Kokain – 2,3

Diese stimulierende Substanz wird aus den Blättern der Koka-Pflanze gewonnen. Berühmt dafür, langweilige Menschen dazu zu bringen, noch schneller und eindringlicher über ihr vergeudetes Leben zu fabulieren. Mit ziemlicher Wahrscheinlichkeit einer der Faktoren, der zur Finanzkrise von 2008 führte. Besonders, wenn es als Crack geraucht wird, macht Kokain abhängig.

1. Heroin – 2,7

Wird aus dem Schlafmohn gewonnen und diente zunächst als Schmerzmittel, bevor es sich rasch zum Tötungsmittel entwickelte. Heroin macht extrem süchtig und bei nicht sachgemäßer Verabreichung läuft man Gefahr, sich eine Überdosis zu verpassen und Gefallen an Bebop-Jazz zu finden.

DIE TEUERSTEN SCHEIDUNGEN DER GESCHICHTE

Ein weiterer Beleg dafür, dass Liebe sehr schmerzhaft sein kann. Aufgelistet nach der Höhe der Scheidungssumme in Dollar.[1]

10. Robert L. Johnson von Sheila Johnson, 2014 – 400 Millionen Dollar

Robert Johnson hatte gemeinsam mit seiner Ehefrau das amerikanische Sendernetzwerk Black Entertainment Television aufgebaut und stieg dadurch zum ersten afroamerikanischen Milliardär auf. Kurz nachdem ihr 400 Millionen Dollar zugesprochen wurden, heiratete Sheila den Richter, der den Fall verhandelt hatte. Schon komisch.

9. Mel Gibson und Robyn Moore Gibson, 2006 425 Millionen Dollar

Die bislang teuerste Hollywood-Scheidung. Mel Gibson verlor die Hälfte seines damaligen Vermögens.

8. Craig McCaw und Wendy McCaw, 1997 460 Millionen Dollar

Craig war ein Pionier im Mobilfunkbereich, Wendy eine Zeitungsverlegerin. Auch nach der Scheidung blieben die beiden befreundet, aber Wendy sackte ein Vermögen in Aktien des Telekomkonzerns Nextel ein. Leider kam es zwei Jahre später zu ei-

1 Stand: 15. Juni 2018

nem gewaltigen Kurseinbruch bei Telekom-Aktien und das Aktienpaket verlor einen Großteil seines Werts.

7. Dmitri Rybolowlew und Elena Rybolowlew, 2014
604 Millionen Dollar

Nachdem sie sich über die Untreue ihres Oligarchen-Ehemanns beschwert hatte, wurden Elena zunächst 4,5 Milliarden Dollar zugesprochen. Die 604 Millionen, die die Russin dann letztendlich einstrich, sollten aber auch fürs Nötigste reichen.

6. Adnan Khashoggi und Soraya Khashoggi, 1980
874 Millionen Dollar

Nach heutigem Geld reden wir hier über etwa 2 Milliarden Dollar. Sein Vermögen machte Adnan mit dem Waffenhandel in Saudi-Arabien, insofern fällt es eher schwer, Mitleid für ihn aufzubringen.

5. Harold Hamm und Sue Ann Arnall, 2012
974,8 Millionen Dollar

Der Ex-Frau des Ölmagnaten war das zunächst zu wenig. Sie wartete eine Weile ab und löste ihren Scheck erst 2015 ein.

4. Steve Wynn und Elaine Wynn, 2010
1 Milliarde Dollar

Es war bereits das zweite Mal, dass die Kasino-Milliardäre miteinander verheiratet waren. Bereits 1986 endete die Ehe in einer Scheidung. Scheidungsanwälte lauern bestimmt voller Vorfreude auf Anlauf Nummer drei.

3. Bernie Ecclestone und Slavica Radić, 2009
1,2 Milliarden Dollar

Als diese Scheidung publik wurde, war man sich allgemein einig, dass der Formel-1-Mogul eine der größten Zahlungen der Geschichte geleistet hatte. Später stellte sich jedoch heraus, dass die Frau, mit der er 24 Jahre lang verheiratet gewesen war, ihm jährlich satte 100 Millionen Dollar aus einem Treuhandfonds überwies, den er ihr überschrieben hatte. Auf Planet Krösus laufen die Dinge tatsächlich anders als bei uns Normalsterblichen.

2. Rupert Murdoch und Anna Murdoch, 1999
1,7 Milliarden Dollar

17 Tage, nachdem er der Frau, mit der er 31 Jahre verheiratet gewesen war, diese Zahlung angewiesen hatte, heiratete der böse Milliardär und Tyrann Wendi Deng.

1. Alec Wildenstein und Jocelyn Wildenstein, 1999
3,8 Milliarden Dollar

Alec und Jocelyn trennten sich, nachdem sie ihn in ihrem Schlafzimmer mit einem russischen Model überraschte und er sie daraufhin mit einer Waffe bedrohte. Während der Verhandlung untersagte ihr der Richter, ihre Alimente für kostspielige Schönheitsoperationen zu nutzen. Dennoch bekam sie 100 Millionen Dollar pro Jahr für 13 Jahre zugesprochen und eine Einmalzahlung über 2,5 Milliarden Dollar.

DIE SCHLIMMSTEN AUTOS, DIE MAN SICH IN DER MIDLIFE-CRISIS KAUFEN KANN

Okay, Sie haben Ihr Leben also verschwendet. Ihre Freunde haben Sie zuletzt vor Jahren gesehen. Ihre Lieblingsjeans ist auf wundersame Weise geschrumpft, denn um die Hüften herum werden Sie ja wohl kaum dicker geworden sein, oder? Das Gehör ist nicht mehr so gut und Ihr Hausarzt findet, Sie trinken zu viel. Ein trauriges Gesamtbild. Aber auch ein Flitzer, der in unter zehn Sekunden von Null auf 100 kommt, ändert daran nichts.

10. Porsche 911
Anstatt eine sechsstellige Summe auf den Tisch zu legen, könnten Sie sich doch auch einfach ein T-Shirt mit der Inschrift bedrucken lassen: »Ich kriege keinen mehr hoch.«

9. Ford Sierra Cosworth
Als er 40 wurde, weinte Julius Cäsar, denn er hatte noch nicht so viel erreicht wie Alexander der Große. Heute kaufen sich die Leute einfach Autos, die in ihrer Kindheit beliebt waren. Cäsar hat später noch Gallien unterworfen. Sie dagegen werden es nicht mehr schaffen, die Uhr zurückzudrehen.

8. Lamborghini Urus
Ein hässliches Monster, PS statt Potenz und ein Benzinverbrauch, der selbst die eigenen Kinder zu Umweltaktivisten werden lässt, macht leider nicht jünger, nicht schöner und vor allem nicht cooler. Wer aus diesem uringelben SUV steigt, erfreut sich höchstens zahlreicher Lacher und Anerkennung von anderen Einzellern.

Schlimmer wird es nur mit Skinny Jeans, abgelaufenen Sneakern und Spiegelsonnenbrille. Ganz vergessen: Und Geldclip.

7. Jeep Wrangler

Weltkriegsnostalgie ist eine schreckliche Sache. Sie hat uns den Brexit beschert und dafür gesorgt, dass Menschen in Fahrzeugen, die dafür gedacht waren, Stellungen der Wehrmacht zu durchbrechen, durch Spielstraßen brettern. Sie mögen sich vielleicht wie General Eisenhower fühlen, aber aussehen tun Sie wie Captain Mainwaring.[1]

6. Ford Mustang

So ein Muscle Car setzt den inneren James Dean frei – und wenn man nicht aufpasst, lässt es einen wie seinerzeit James Dean durch die Windschutzscheibe fliegen.

5. VW-Bus

Der Traum: Endlich das Leben der Hippies leben und wildromantisch am Strand schlafen. Die Realität: So ein Teil kostet *richtig* Geld und entwickelt sich rasch zu einem Vorwand, Geschirrkataloge zu wälzen, Fahrten minutiös im Voraus durchzuplanen und sich obsessiv mit dem Thema Anschluss zu befassen.[2]

4. Bentley Continental

Wer sich einen Bentley kauft, bekommt das, wofür er bezahlt hat, heißt es. Es stimmt: Man bekommt ein viel zu teures Auto.

....

1 Anm. d. Übers.: Eine Figur aus der BBC-Sitcom *Dad's Army*, die von 1968 bis 1977 lief.

2 Die Rede ist nicht von zwischenmenschlichen Anschlüssen, sondern von denen, die Sie benötigen, damit Sie abends, wenn Sie wieder einmal mutterseelenallein in Ihrer Karre hocken, wenigstens die Glotze anwerfen können.

3. Audi TT

Nur weil man über 40 ist, gibt einem das nicht das Recht, im Kreisverkehr nicht mehr zu blinken. Es bedeutet auch nicht, dass man vor einer Haarnadelkurve noch schnell überholen darf. Man mag vielleicht den Tod nahen spüren, aber wenn Sie den Rest von uns unbedingt gefährden müssen, dann nehmen Sie doch bitte ein Fahrzeug, in dem man wenigstens seine Einkäufe unterbringen kann.

2. Range Rover

Die anderen sagen »lächerlich«, Sie hören »erfolgreich«. Die anderen sagen »Umweltverpester«, Sie hören »Neid«. Die anderen sagen: »Bitte blockieren Sie mit Ihrem Kleinpanzer nicht immer die Straßen vor unseren Schulen«, Sie hören Coldplay auf Ihrer kostspieligen Stereoanlagen. Die anderen haben Recht.

1. BMW 5er

Nichts vermittelt »Wichser am Steuer« so gut wie ein BMW.

DIE ZEHN SCHLIMMSTEN AUTOS ALLER ZEITEN

Das Ergebnis der jährlichen Umfrage unter den Lesern von *Auto Express* vom September 2017. *Auto Express* ist eine britische Publikation, insofern ist es denkbar, dass die Schrotthaufen, die die britischen Unternehmen in den 1970er-Jahren auf den Markt schmissen, hier etwas überrepräsentiert sind. Andererseits: Wenn es darum geht, furchtbare Autos herzustellen, macht uns Briten so schneller keiner was vor.

10. Vauxhall/Opel Frontera
Ein Geländewagenhybrid, so hässlich wie sein Name. Gemeint ist hier wohl weniger die »final frontier«, als vielmehr: »Das letzte Mal, das ich von denen ein Auto gekauft habe.«

9. FSO Polonez
Ein Auto aus der Zeit, als es den Ostblock noch gab. Mit diesem durchgeknallten Chassis mit Heckklappe erreichte die kommunistische Autobaukunst ihren absoluten Tiefpunkt.

8. Reliant Robin
Wer die britische Sitcom *Only Fools and Horses* kennt, denkt bestimmt voller Rührung daran zurück, wie Del Boy in so einem Dreirad herumkurvte. Wer sich tatsächlich mal in diese rollende Konservenbüchse gequetscht hat, denkt bestimmt voller Rührung daran zurück, wie entspannt das Leben doch vor dem Bandscheibenvorfall war.

7. Morris Marina
Wenn Ihnen mal wieder ein Befürworter des Brexits weismachen will, dass alles besser war, bevor Großbritannien der Europäischen Union beigetreten ist, dann zwingen Sie ihn, sich hinter das Steuer dieser Klapperkiste zu setzen.

6. Rover CityRover
Ein Super-Mini, bloß ohne jegliches Super. Das letzte Auto, das MG Rover in den Nullerjahren produzierte. Es vermittelte den Eindruck, dass das Unternehmen vor allem deshalb dem Ende zu taumelte, weil jeder aufgegeben hatte.

5. Alfa Romeo Arna
Eine unheilige Kreuzung aus einem Alfa Romeo und einem Nissan. Die schlimmsten Stilelemente Nissans gepaart mit der Unzuverlässigkeit und dem elektronischen Chaos, wie es nur Alfa so zuverlässig hinbekommt.

4. SsangYong Rodius
Ein Großraumvan aus Südkorea mit einer merkwürdigen boxförmigen Verlängerung über dem Kofferraum, die das Fahrzeug an einen Leichenwagen erinnern lässt – nur ohne den Spaßfaktor eines Leichenwagens.

3. Chrysler PT Cruiser Convertible
Schon mit Dach gilt das Auto als eines der hässlichsten aller Zeiten, aber nun konnte man als Clou auch noch das Gesicht der armen Person sehen, die diese Möhre fahren musste.

2. Austin Allegro
Großbritanniens Ingenieurskunst erreichte mit diesem, nennen wir es großzügig mal Auto in den 1970er-Jahren ihren Tiefpunkt. Und das will schon was heißen. Hässlich, unzuverlässig, unbequem, zu teuer und mit einem merkwürdig eckigen Lenkrad ausgestattet.

1. REVAi
Ein Elektroauto aus Indien. Die ersten Modelle hatten eine Reichweite von weniger als 80 Kilometern, eine Akkuleistung von 13 kW (ich glaube, mein Rasenmäher hat mehr Power), es regnete durchs Dach und durch die Fenster. Knautschzonen waren nicht vorgesehen, die Karren waren mordsgefährlich und spätestens ab dem zweiten Insassen bewegten sie sich bestenfalls noch im Schneckentempo voran.

DIE ZEHN SCHLIMMSTEN COMPUTERSPIELE

Wir bemühen wieder einmal Metacritic, die Website, die Rezensionen bündelt, und zwar auch für Computerspiele.[1] Um sich zu qualifizieren, müssen die Spiele mindestens siebenmal besprochen worden sein ... und wirklich, wirklich schlecht sein.

10. *Infestation: Survivor Stories (The War Z)* (2012)
Plattform: PC
Punkte: 20
Konzept: Ein postapokalyptischer Albtraum. 95 Prozent der menschlichen Rasse sind ausgelöscht. Sie müssen sich nun als Jäger und Sammler betätigen, um zu überleben, und sich dabei Zombies vom Hals halten ... und all das, während dieses fade Spiel einem den Lebenswillen raubt.
Auszug aus einer Rezension: »Nähert sich Ihnen dieses Spiel, verfallen Sie nicht in Panik. Bleiben Sie ruhig, zielen Sie auf den Kopf und versuchen Sie, es zu köpfen oder in Brand zu setzen.« *INC Gamers*

9. *Deal or No Deal* (2007)
Plattform: Nintendo DS
Punkte: 20
Konzept: Das Fernsehprogramm als Computerspiel. 26 Aktenkoffer enthalten unterschiedliche Geldbeträge. Ziel ist es, den Koffer zu öffnen, der die größte Summe enthält. Aber eigentlich

....

1 http://www.metacritic.com/browse/games/score/metascore/all/all/filtered?sort=desc&page=152, abgerufen am 18. Mai 2018. Maximale Punktzahl sind 100. *The Legend of Zelda: Ocarina of Time* für den Nintendo 64 hat mit 99 Punkten die höchste Punktzahl.

ist es vollkommen egal, denn es ist ein Computerspiel und das Geld ist nicht echt. Das macht es zu einer guten Metapher für das Leben an sich – aber nicht zu einem lohnenswerten Spiel.

Auszug aus einer Rezension: »Sparen Sie sich die Mühe und sagen Sie einfach: ›No deal‹.« *Gamers' Temple*

8. *Alone in the Dark: Illumination* (2015)
Plattform: PC
Punkte: 19
Konzept: Es ist dunkel. Es gibt Monster, die allergisch auf Licht reagieren. Also rennen Sie durch die Gegend und versuchen, für Licht zu sorgen, um auf diese Weise die Monster um die Ecke zu bringen.

Auszug aus einer Rezension: »Wer seinem irreführenden Charme erliegt, wird schnell erfahren, was wahrer Horror ist.« *Metro*

7. *SPOGS Racing* (2008)
Plattform: Wii
Punkte: 18
Konzept: Man fährt ein Ding, das aussieht wie ein Reifen mit einer Scheibe in der Mitte. Sie enthält einen Sturzhelm, der nicht etwa, wie es sinnvoll gewesen wäre, auf den Kurs gerichtet ist, sondern auf Sie. Das Spiel basiert auf einem Spielzeug, das einmal in Mode war, für das die Entwickler aber keine Rechte besaßen. Die Reifen rollen sehr langsam über eine Rennstrecke, die aussieht, als sei sie aus einem stark verpixelten Spiel aus den 1980er-Jahren übriggeblieben. Es rollen auch andere Reifen herum, dazu heulen ohne jedweden Bezug zum Spielgeschehen Motoren auf. Mehr passiert im Grunde nicht.

Auszug aus einer Rezension: »Es bringt mehr Spaß, die Bedienungsanleitung für einen Toaster zu lesen.« *Nintendo Gamer*

6. Double Dragon II: Wander of the Dragons (2013)
Plattform: XBox 360
Punkte: 17
Konzept: Das Remake eines beliebten Spiels aus den 1980er-Jahren. Ihr Charakter heißt Billy oder Jimmy und darf Leute treten.
Auszug aus einer Rezension: »So schlimm, dass seine Existenz schon fast einem Wunder gleichkommt.« *Hardcore Gamer*

5. Vroom in the Night Sky (2017)
Plattform: Switch
Punkte: 17
Konzept: Man fährt auf einem magischen Fahrrad herum und sammelt Sternenstaub. Sie sind Magical Luna Girl. Sie müssen ein magisches Tor öffnen. Je mehr Sternenstaub Sie sammeln, desto mächtiger wird Ihr Fahrrad. Ist Ihnen jetzt schon alles völlig Wurst? Dann stellen Sie sich mal vor, wie es Ihnen geht, wenn Sie diesen Unfug gespielt haben.
Auszug aus einer Rezension: »Ein Hohn von Spiel, das es niemals hätte in den eShop schaffen dürfen.« *Pocket Gamer UK*

4. Leisure Suit Larry: Box Office Bust (2009)
Plattform: PlayStation 3
Punkte: 17
Konzept: Sie befinden sich in einem Filmstudio in Hollywood, wo Sie eine Reihe völlig sinnentleerter Aufgaben erledigen müssen, während Ihre Figur ständig flucht und sich darüber beschwert, wie sinnentleert diese Aufgaben doch sind. Und zwar

auf eine langweilige Art und Weise. Dazu gibt es noch schlechten Sex und furchtbare Witzeleien über Frauen.

Auszug aus einer Rezension: »Die Entwicklung von Spielen ist ein komplizierter Prozess, bei dem sehr viele Dinge schiefgehen können. Bei *Box Office Bust* ist so ziemlich alles, was hätte schiefgehen können, auch tatsächlich schiefgegangen.« *IGN.com*

3. *Yaris* (2007)

Plattform: XBox 360
Punkte: 17
Konzept: Ein Gratisspiel. Man fährt in einem Toyota Yaris herum, der mit Waffen bestückt ist. Das Ganze ist ein offensichtlicher Versuch, die Spieler dazu zu bringen, sich bei Toyota tatsächlich so eine Karre zu besorgen.

Auszug aus einer Rezension: »Leider gewinnt der Yaris so überhaupt nichts durch dieses Spiel.« *GamesRadar+*

2. *Ride to Hell: Retribution* (2013)

Plattform: PC
Punkte: 16
Konzept: Wir schreiben die 1960er-Jahre. Sie sind ein Biker. Sie fahren ein Motorrad, das nur vorwärts fahren kann. Außerdem müssen Sie Leute abknallen und Frauen wie Dreck behandeln. Mit ebenjenen Frauen haben Sie auch Geschlechtsverkehr – merkwürdigerweise vollständig bekleidet.

Auszug aus einer Rezension: »Machen Sie einen großen Bogen um dieses Spiel. Es ist wie eine Ölpfütze auf dem Highway.« *CD Action*

1. *Family Party: 30 Great Games Obstacle Arcade* (2012)

Plattform: Wii U

Punkte: 11

Konzept: 30 Spiele in einem. Das klingt zunächst erst einmal nach einem Schnäppchen. Bis man sich die Spiele ansieht. Bei einem würfelt man Würfel aus einem Becher. Die höchste Augenzahl gewinnt. Das war's. Selbst die alten Römer wären von diesem Spiel im Handumdrehen zu Tode gelangweilt, wie soll man da Digital Natives bei der Stange halten?

Auszug aus einer Rezension: »Ich bin wirklich empört, dass es nicht gegen das Gesetz verstößt, Mist wie diesen an unschuldige Kinder zu verkaufen.« *Eurogamer Sweden*

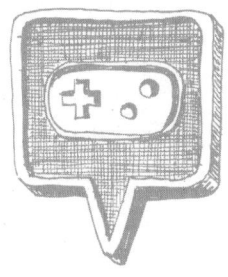

KAPITEL 9

DIE ZUKUNFT

Der dänische Cartoonist Robert Storm Petersen hat mal gesagt: »Es ist schwer, Prognosen abzugeben – vor allem über die Zukunft.« Das heißt aber nicht, dass im Laufe der Zeit nicht unzählige Menschen immer wieder versucht hätten, die Zukunft vorherzusagen. Und damit scheiterten. War ja abzusehen.

DIE ZEHN
KATASTROPHALSTEN PROGNOSEN
ÜBER COMPUTERTECHNOLOGIE

Experten haben zu Unrecht einen dermaßen schlechten Ruf. Sie liegen viel häufiger richtig, als man es ihnen nachsagt. Umso lustiger, wenn sie dann mit ihren Vorhersagen komplett danebenhauen.

10. »*Ständig fragt man mich, wann Apple denn ein Mobiltelefon auf den Markt bringt. Meine Antwort lautet dann stets: ›Vermutlich nie.‹*«

David Pogue, *The New York Times* im September 2006. Die richtige Antwort wäre gewesen: Juni 2007.

9. »*Die Vorstellung, dass jeder mit einem drahtlosen persönlichen Kommunikator in der Tasche herumläuft, ist ein von Gier getriebenes Hirngespinst.*«

Andy Grove, damals CEO von Intel, 1992 im Gespräch mit der *New York Times*. Vielleicht ist das einer der Gründe dafür, dass Intel in den folgenden Jahren einen Großteil des lukrativen Smartphone-Geschäfts verpennte.

8. »*Wir brauchen Sie nicht. Schließen Sie doch erst einmal das College ab.*«

Ein Manager von Hewlett Packard war wenig interessiert, als ihm Steve Jobs und

Steve Wozniak ihre »Personal Computer« genannte Erfindung 1976 vorstellte. Also zogen die beiden los und gründeten Apple.

7. *»Ich schätze, weltweit gibt es einen Markt für vielleicht fünf Rechner.«*

Thomas Watson, IBM-Chairman, 1943.

6. *»Apple ist bereits tot.«*

Dies bescheinigte zumindest Nathan Myhrvold, ehemaliger CTO von Microsoft, dem Unternehmen 1997. Und irgendwie haben wir es doch immer geahnt: Apple ist ein Zombie.

5. *»Nicholas Negroponte, der Leiter des MIT Media Labs, sagt voraus, dass wir schon bald Bücher und Zeitungen direkt über das Internet kaufen werden. Na klar. Wie kommt es dann, dass das Einkaufszentrum bei mir um die Ecke an einem einzigen Nachmittag mehr Umsatz macht als das gesamte Internet innerhalb eines Monats?!«*

Clifford Stoll, der angesehene Autor und Astronom, stellt 1995 in *Newsweek* die falsche Frage.

4. *»Apple ist ein chaotischer Haufen, dem es an strategischer Vision mangelt und der gewiss keine Zukunft hat.«*

Time, Februar 1996.

3. »*Apples schwankende Leistungen haben dafür gesorgt, dass die Aktie an der Wall Street im Ruf steht, dass langfristig orientierte Investoren besser einen Bogen darum machen sollten.*«

Fortune, Februar 1996.

2. »*Ich sage voraus, dass das Internet schon bald zu einer spektakulären Supernova wird und 1996 katastrophal in sich zusammenbricht.*«

3Com-Gründer und Ethernet-Erfinder Robert Metcalfe 1995 in einer Kolumne für *InfoWorld*. 1999 steckte Metcalfe eine Kopie dieser Kolumne in einen Mixer, quirlte sie schön durch und aß sie dann.

1. »*In zwei Jahren wird das Thema Spam gelöst sein.*«

Bill Gates 2006 auf dem Weltwirtschaftsgipfel. 2012 waren 90 Prozent aller E-Mails Spam.

DIE ZEHN KATASTROPHALSTEN PROGNOSEN ÜBER KINO UND FERNSEHEN

Diese Zitate zeigen, dass jeder, der eine Prognose über die Entwicklung dieser Medien abzugeben versucht, Gefahr läuft, ganz böse auf die Nase zu fallen.

10. *»Kinos werden [bis 1984] verschwunden sein, weil es weniger Anstrengung erfordert, dieselben Bilder auf dem Fernsehschirm anzusehen.«*

Der Kritiker Sir Herbert Read sagte 1964 im *New Scientist* einen unaufhaltsamen Siegeszug des Fernsehens voraus.

9. *»In zehn Jahren ist das Fernsehen tot.«*

Der Kritiker Mark Ravenhill schätzte die Lage etwas anders ein, als er im November 2007 – also vor etwas mehr als zehn Jahren – dem *Guardian* seine Meinung mitteilte.

8. *»Meine Erfindung … kann eine gewisse Zeit lang als wissenschaftliche Kuriosität genutzt werden, aber darüber hinaus hat sie keinerlei kommerziellen Nutzen.«*

Der Franzose Auguste Lumière, einer der Erfinder der Filmkamera, 1895 bei einer Rede.

7. *»Tonfilm ist eine sehr interessante Erfindung, aber ich glaube nicht, dass sie lange in Mode bleiben wird.«*

Louis-Jean Lumière stellte 1928 unter Beweis, dass er genauso wenig weitsichtig war wie sein Bruder Auguste.

6. *»Das Kino ist kaum mehr als eine Modeerscheinung. Konserviertes Drama. Was die Menschen wirklich sehen wollen, sind Fleisch und Blut auf der Bühne.«*

Charlie Chaplin war 1918 sehr überzeugt davon, dass er für seine Karriere auf das Theater setzen sollte.

5. *»Bewegte Bilder benötigen Ton genauso dringend, wie Beethovens Symphonien Text benötigen.«*

Charlie Chaplin liegt auch 1928 daneben.

4. *»Den regulären Stummfilm wird der Tonfilm nicht ersetzen können.«*

Thomas Edison mag ein Gerät für Tonfilm erfunden haben, viel traute er ihm allerdings nicht zu.

3. *»Wir wollen keine menschliche Stimme zu unseren Filmen. Jetzt nicht und in Zukunft nicht.«*

D.W. Griffith lässt die Leserschaft des Magazins *Colliers* 1924 an seiner Meinung zur Zukunft teilhaben.[1]

....

1 Wenn man bedenkt, dass Griffith als Regisseur den rassistischen Bürgerkriegs-Monumentalfilm *Die Geburt einer Nation* zu verantworten hat, höre ich mir doch lieber seine Meinung zur Zukunft an als das, was er über die Vergangenheit zu sagen hat.

2. »*Wer zur Hölle will denn die Schauspieler reden hören?*«

Als man ihm 1925 den Prototyp des Tonbildsystems Vitaphone vorführte, stellte Warner-Brothers-Präsident Harry M. Warner noch immer die falsche Frage.

1. »*Farbe und Stereoskopie werden das Kino zur größten Kunstform der Welt erheben. Schlechte Filme werden unmöglich sein.*«

John Betjeman war dann 1935 in seiner Einschätzung vielleicht doch ein wenig zu optimistisch.[2]

....

2 Zu seiner Verteidigung muss man aber erwähnen, dass damals noch nicht abzusehen war, dass schon 50 Jahre später *Police Academy V* erscheinen würde.

DIE ZEHN ABWEGIGSTEN LITERATURPROGNOSEN

Schreiben, so heißt es, sei der Kampf gegen das Vergessenwerden, das Ringen um Unsterblichkeit und das einzige, was zählt. Wer als Schriftsteller die Zeit überdauert, hat es nach ganz oben geschafft. Ganz anders dagegen die armen Literaturkritiker. An sie erinnert man sich im Normalfall nur dann, wenn sie mit ihrer Einschätzung völlig danebengehauen haben. So wie diese hier.

10. *»Eine oxymoronische Verbindung aus Rau und Zart. Von Mäusen und Menschen wird sentimentale Zyniker und zynische Sentimentale ansprechen ... Leser hingegen, die weniger leicht aus der Bahn geworfen werden, werden weiter Hans Andersen präferieren.«*

Das *Time Magazine* 1937 über den Roman von John Steinbeck. *Von Mäusen und Menschen* verkauft sich bis heute allein in den USA und Großbritannien jedes Jahr tausendfach und ist fester Bestandteil des Lehrmaterials in den Schulen.

9. *»Wenig Einfallsreichtum zeigt sich in der Erfindung, in der Erschaffung von Charakteren und Handlung oder in der Schilderung von Leidenschaft ... Der Platz, den Monsieur de Balzac in der französischen Literatur einnehmen wird, wird weder beträchtlich noch hoch sein.«*

Ein Kritiker namens Eugene Pitou ist sich 1856 in der *Revue Des Deux Mondes* sehr sicher, was Honoré de Balzac anbelangt. Wie sich herausstellt, sollte Balzacs Platz deutlich gewichtiger ausfallen als der von Pitou.

8. »*Wir können nicht ein einziges bemerkenswertes Gedicht von ihm nennen, das auf dem Dreschboden des Ruhms bleiben wird...*«

Die *London Weekly Review* knöpft sich 1828 Samuel Taylor Coleridge vor, den Autor der *Ballade vom alten Seemann*.

7. »*Es ist nicht leicht zu akzeptieren, es lässt sich nicht in Teilen lesen und angesichts dessen, dass es die Öffentlichkeit mit zahlreichen Werken zu tun hat, könnte es vernachlässigt oder unbekannt bleiben.*«

Der *Manchester Guardian* warnt 1900 die Leserschaft vor *Lord Jim* von Joseph Conrad.

6. »*Die letzte Explosion eines einstmals erstaunlichen, wenn auch geringen Talents.*«

Der *New Yorker* findet 1936 *Absalom, Absalom!* von William Faulkner nicht so berauschend. Neun Jahre später gewinnt Faulkner den Literaturnobelpreis.

5. »*Was niemals lebendig war, kann nicht einfach so weiterleben. Insofern handelt es sich hier nur um ein Buch der Saison ...*«

Die Rede in der *New York Herald Tribune* von 1925 ist von F. Scott Fitzgeralds *Der große Gatsby*.

4. »Zwei gleichermaßen ernste Gründe sind es, weshalb dieses Werk die Aufmerksamkeit erwachsener Leser nicht wert ist. Der erste Grund ist der, dass es auf eine großspurige, schwülstige und schelmisch dumme Weise öde, öde, öde ist. Der zweite Grund ist der, dass es widerwärtig ist. Mister Nabokov hat versagt.«

Die *New York Times* empfahl 1958 den Lesern, die Finger von Nabokovs *Lolita* zu lassen. Die Leser entschieden sich anders.

3. »In 100 Jahren wird man sich aller Wahrscheinlichkeit nach nur noch an den Springfrosch erinnern.«

Harry Thurston Peck lehnt sich 1901 ganz weit aus dem Fenster, als er sich im *Bookman* über das Gesamtwerk Mark Twains auslässt.

2. »In *Sturmhöhe* ... werden alle Fehler von *Jane Eyre* ums Tausendfache verstärkt. Wenn wir darüber nachdenken, bleibt uns nur ein einziger Trost: Es werden niemals allzu viele Menschen lesen.«

Im August 1849 warnt James Lorimer die Leser der *North British Review*, die Erwartungen an den neuen Roman von Emily Brontë nicht allzu hoch zu hängen.

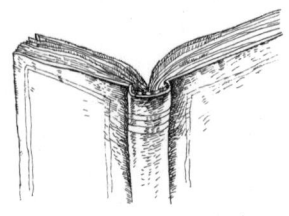

1. »*Sein Ruhm ist dahin wie eine verloschene Kerze und seine Erinnerung wird immer stinken.*«

William Winstanley unterschätzt John Milton – und widerspricht sich ohnehin sehr hübsch selbst, als er ihn 1687 in seinem Werk *Die Leben von Englands berühmtesten Dichtern* aufführt.

DIE ZEHN ABSTRUSESTEN AUSSAGEN ZUR GEOPOLITISCHEN ENTWICKLUNG

Krieg taugt doch nichts. Höchstens dazu, mächtige Männer wie Idioten dastehen zu lassen.[1]

10. *»Das anbrechende Zeitalter der drahtlosen Kommunikation wird Kriege unmöglich machen, denn sie werden dann lächerlich sein.«*

Funkpionier Guglielmo Marconi im Oktober 1912 im *Technical World Magazine*.

9. *»George, Sie sind verrückter als verrückt.«*

John F. Kennedy schilt 1961 George Bell, seinen Staatssekretär im Außenministerium. Dieser hatte doch glatt behauptet, wenn Amerika Truppen nach Vietnam entsende, könne dies eine Eskalation des dortigen Kriegs nach sich ziehen.

8. *»Der Sieg ist in Sichtweite.«*

1963 war General Paul D. Harkins vielleicht dann doch ein klein wenig zu optimistisch, was die Erfolgsaussichten in Vietnam anbelangte. Bis 1975 sollte sich der Krieg noch hinziehen – und mit einer Niederlage der USA enden.

....

1 Es sind immer die Männer. Und obwohl Edwin Starr in seinem Klassiker *War* singt, Krieg sei für »absolut gar nichts« zu gebrauchen, würden der eine oder andere Waffenhersteller und der eine oder andere Ölmagnat diese These vermutlich anzweifeln.

7. »*Am Urteil künftiger Generationen zu seinen Leistungen kann es keine Zweifel geben: Er ist die größte Persönlichkeit unserer Zeit. Mussolini … wird das 20. Jahrhundert dominieren, so wie es Napoleon mit dem frühen 19. Jahrhundert der Fall war.*«

Lord Rothermere im März 1928 in der *Daily Mail*.

6. »*Unter den schwierigsten Problemen der Welt ist der Nahostkonflikt zwischen Arabern und Israelis einer der einfachsten und am leichtesten zu handhabenden.*«

Walter Lippman, ansonsten angesehener Kolumnist, am 17. April 1948.

5. »*Der Krieg, alle Kriege zu beenden.*«

H.G. Wells im August 1914 über den Ersten Weltkrieg.

4. »*Wir werden unsere Wäsche an der Siegfriedlinie aufhängen.*«

Jimmy Kennedy schrieb dieses Lied 1939 für das Britische Expeditionskorps. Die »Siegfriedlinie« (auf deutscher Seite eher als Westwall bezeichnet) war eine Reihe von Festungsanlagen, die sich entlang der deutschen Westgrenze zog. Die britischen Truppen sollten nicht einmal ansatzweise in die Nähe der Siegfriedlinie kommen, stattdessen mussten sie im Mai 1940 aus Dünkirchen evakuiert werden.

3. *»Im Sieg der unsterblichen Ideen des Kommunismus sehen wir die Zukunft unseres Landes.«*

Nationalhymne der Sowjetunion in der Fassung von 1977. 14 Jahre später, am 25. Dezember 1991, wurde über dem Kreml das letzte Mal die Flagge mit Hammer und Sichel eingeholt.

2. *»Mission Accomplished.«*

»Auftrag erfüllt« stand auf dem Banner hinter George W. Bush, als dieser an Bord des Flugzeugträgers *USS Abraham Lincoln* am 1. Mai 2003 eine Rede zum Irakkrieg hielt. Tatsächlich sollte dieser Krieg noch bis 2011 andauern. Er hinterließ ein zutiefst gespaltenes Land und führte zur Gründung des »Islamischen Staats«. Wenn das dein Auftrag war, dann war das tolle Arbeit, Dubya.

1. *»Meine guten Freunde: Zum zweiten Mal in unseren Zeiten kehrt ein britischer Premierminister aus Deutschland mit einem ehrenvollen Frieden im Gepäck zurück. Ich glaube, es ist Frieden für unsere Zeit. Wir danken Ihnen aus tiefstem Herzen. Gehen Sie nach Hause und schlafen Sie sich gut aus.«*

Der britische Premier Neville Chamberlain am 30. September 1938, nachdem er das Münchner Abkommen vereinbart hatte. Ein Jahr später brach der Zweite Weltkrieg über die Menschheit herein.

DIE ZEHN ABSTRUSESTEN PROGNOSEN ZUR WIRTSCHAFT

Wenn sich Ökonomen und Politiker hinstellen und Ihnen sagen, von jetzt an gehe es nur noch bergauf, bringen Sie sich am besten rasch in Sicherheit.

10. *»Die Aktien haben offenbar ein dauerhaft hohes Niveau erreicht.«*

Der Yale-Ökonom Irving Fischer 1929 eine Woche vor dem Schwarzen Donnerstag und dem Auftakt der Weltwirtschaftskrise.

9. *»Es wird in den Vereinigten Staaten von Amerika keine Rezession geben.«*

Präsident Richard Nixon am 30. Januar 1974. Im Juli des Jahres war es offiziell: Die US-Wirtschaft steckte in der Rezession.

8. *»Wir sind der Ansicht, dass die Wall Street im Grunde gesund dasteht und dass gute Aktien für Personen, die es sich erlauben können, sie sofort zu bezahlen, zu den jetzigen Preisen billig sind.«*

Goodbye & Company in einem Börsenbericht vom 25. Oktober 1929, zitiert von der *New York Times*.

7. *»Es wird keine Abwertungen geben, kein Ausscheren aus dem Europäischen Währungssystem. Wir stehen voll und* *ganz hinter dem EWS. Es steht im Mittelpunkt unserer Politik. Wir werden die Parität des Pfunds beibehalten und alle erforderlichen Schritte ergreifen. Ich hoffe, dass es daran keinerlei Zweifel gibt.*«

Schatzkanzler Norman Lamont, 26. August 1992. 20 Tage später verließ Großbritannien das EWS.

6. *»Während sich die Geschwindigkeit des technologischen Wandels in der EDV verlangsamt, wird die Zahl der Jobs für IT-Spezialisten langsamer zunehmen und schließlich zurückgehen. In zehn Jahren wird der Begriff Informationswirtschaft albern klingen.«*

Paul Krugman, Nobelpreisträger für Ökonomie, 1988.

5. *»Die Folgen der Probleme auf dem Subprime-Markt scheinen eingedämmt.«*

Ben Bernanke, Präsident der amerikanischen Notenbank, sagt am 28. März 2007 vor dem US-Kongress aus. Ein Jahr später ziehen die faulen Hypothekenkredite weltweit Kreise.

4. *»Zum jetzigen Zeitpunkt dreht sich meine grundsätzliche Prognose um eine Phase langsamen Wachstums, gefolgt von einem etwas stärkeren Wachstumstempo, das dieses Jahr einsetzt ...«*

Schon wieder Ben Bernanke, dieses Mal am 14. Februar 2008 vor dem US-Kongress. Im September brach Lehman Brothers zusammen und die Weltwirtschaft kam in den Genuss eines Jahrzehnts der Rezession und Stagnation.

3. »*Die Sowjetwirtschaft ist der Beweis dafür, dass eine sozialistische Zentralwirtschaft allen früheren Unkenrufen der Skeptiker zum Trotz funktionieren und sogar gedeihen kann.*«

So sprach 1961 Paul Samuelson, der erste Amerikaner, der den Nobelpreis für Wirtschaftswissenschaften gewann.

2. »*Wir können Vertrauen in das langfristige Fundament unserer Wirtschaft haben … Ich halte das System für grundlegend gesund. Das glaube ich wirklich.*«

George W. Bush, 15. Juli 2008.

1. »*Es gibt keinen Anlass zur Besorgnis. Das hohe Ausmaß des Wohlstands wird sich fortsetzen.*«

US-Finanzminister Andrew W. Mellon im September 1929, Tage vor Ausbruch der Weltwirtschaftskrise.

DIE ZEHN ABSTRUSESTEN WELTUNTERGANGSPROGNOSEN

Bislang war das Ende dann immer doch nicht so nah, wie es uns die Schwarzseher einreden wollten.

10. Termin für Weltuntergang: 1. Februar 1524

Londoner Astrologen sagten voraus, dass am 1. Februar 1524 eine gewaltige Sintflut einsetzen und das Ende der Welt ankünden werde. 20 000 Menschen verließen ihre Häuser. Der Abt von St. Bartholomäus errichtete eine Feste, in die er sich mit ausreichend Lebensmittel für zwei Monate zurückzog. Am 1. Februar fiel kein Niederschlag.

9. Termin für Weltuntergang: 1806

1806 legte eine Henne in Leeds Eier mit der Inschrift »Christus kommt«. Das lockte natürlich hunderte Schaulustige an, die zunächst das Wunder wirkende Geflügel sehen wollten, bevor sie sich daran machten, sich für das Jüngste Gericht vorzubereiten. Was für eine Enttäuschung, als sich kurz darauf herausstellte, dass es sich um einen Trick handelte, für den Mary Bateman verantwortlich war, die Besitzerin des Huhns. Sie trug die Botschaft mithilfe einer leichten Säure auf der Eierschale auf und führte dann – sorry! – das Ei wieder in den armen Vogel ein, damit er das Wunder-Ei legen konnte.

8. Termin für Weltuntergang: 1999

1998 tauchten im texanischen Garland auf einmal 150 Cowboyhut tragende Taiwaner in weißer Kleidung auf. Angeführt wurde diese Truppe, die sich *Chen Tao* (»Wahrer Weg«) nannte, von dem charismatischen Ho-Ming Chen. Die Taiwaner hatten gerade über 30 Grundstücke gekauft und behaupteten, ein Raumschiff zu besitzen. Dieses Gottesflugzeug biete 100 000 Menschen Platz und werde die Bußwilligen vor Schaden bewahren, wenn 1999 der Jüngste Tag anbreche. Gott würde am 25. März um Mitternacht über Kanal 18 des örtlichen Fernsehnetzes Einzelheiten über den Ablauf des Weltuntergangs verkünden. Wie groß die Aufregung! Und wie groß die Enttäuschung, als der Zeitpunkt für die wundersame Sendung gekommen war und Chen und seine Anhänger feststellen mussten, dass auf dem Kabelsender überhaupt keine Sendungen liefen. Nichts als Schnee war zu sehen, dabei sollte das »Gottesprogramm« doch bis zum 31. März laufen. Dann würde Gott persönlich auftauchen, allen Menschen auf der Welt die Hand schütteln und mit jedem in dessen Sprache sprechen. Als auch dies nicht eintrat, hielt Chen eine Pressekonferenz ab und räumte ein: »Da sich Gottes Erscheinen nicht bestätigt hat, können Sie alles, was wir gepredigt haben, als Blödsinn erachten.«

7. Termin für Weltuntergang: 2000

Kurz vor der Jahrtausendwende überzeugte der ehemalige Rockabilly-Sänger Buffalo Bill Hawkins rund 3000 Menschen, er sei ein »Zeuge« und könne die Wiederkehr Jesu bezeugen. Anschließend werde Satan ihn ermorden und damit das Ende der Welt einläuten. All das werde eintreten, bevor das Jahr 2000 vorüber sei. Er und seine Anhänger (von denen viele ihren Namen ebenfalls in Hawkins umgeändert hatten) bezogen bewaffnet Stellung in einem Anwesen in der Prärie bei Abilene, Texas. »Glücklicherweise haben wir von diesem Irrsinn nur noch ein Jahr vor uns«, erklärte Hawkins 1999. Das Jahr kam und ging und es wurde deutlich, dass er sich geirrt hatte.

6. Termin für Weltuntergang: offen

Die Autorin und Prophetin Joanna Southcott lockte zu Beginn des 19. Jahrhunderts große Zuschauermengen zu ihren Reden an. Dann starb sie auf tragische Weise. Sie war zwar bereits 65 Jahre alt, erklärte ihren zahlreichen Anhängern aber, dass sie mit dem Messias schwanger gehe – leider stellte sich das, was sie in sich trug, als Tumor heraus. Ihre Apostel fanden etwas Trost darin, dass Southcott ihnen eine große versiegelte Kiste hinterließ, die, so versprach sie es, eine Prophezeiung zum Ende der Welt, wie es im Johannes-Evangelium vorhergesagt wurde, enthielt sowie das Geheimnis für ewiges Glück. Gemäß der Anweisungen darf diese Kiste nur zu einem Zeitpunkt großer Gefahr und in Anwesenheit von nicht weniger als 24 Bischöfen der Anglikanischen Kirche geöffnet werden. Das hinderte den Antiquitätenforscher Harry Price 1927 nicht daran, dennoch einen Blick hineinzuwerfen. Vor Publikum öffnete er die Kiste – und fand zu seinem Erstaunen unter anderem eine Sattelpistole, ein Lotterielos, einen Behälter mit Würfeln, eine Börse, einige alte Bücher und eine Nachtmütze.

5. Termin für Weltuntergang: 1200–1260

Italien, Ende des 12. Jahrhunderts. Der Mystiker Joachim von Fiore behauptet, nach langem Studium des Buchs der Offenbarung eine versteckte Botschaft entdeckt zu haben. Er habe herausgefunden, dass das Dritte Zeitalter irgendwann zwischen 1200 und 1260 beginnen werde. Dann würden in aller Welt Friede und Harmonie Einzug halten. 1260 kam und ging, ohne dass sich der

Weltuntergang hatte blicken lassen. Joachims Anhänger waren sauer, schließlich hatte man ihnen eingeredet, das Ende aller Zeiten werde schneller kommen, wenn sie sich mit Eisennägeln schlügen. Satz mit x. Stattdessen waren nun hunderte Menschen vernarbt und verärgert.

4. Termin für Weltuntergang: 440–500

Im fünften Jahrhundert erklärte ein Mann, der sich als Moses von Kreta bezeichnete, die Apokalypse stehe kurz bevor. Er wisse das, er sei nämlich der Messias. Er sei aus dem Himmel gesandt worden, um seine Anhänger zurück ins Gelobte Land zu führen. Seine Macht werde er unter Beweis stellen, indem er das Meer teile und seine Gefolgschaft hindurch führe, ganz so wie sein Namensvetter aus dem Alten Testament. Er scharte Hunderte Menschen um sich, führte sie auf eine Klippe und erklärte den Menschen, das Meer werde sich jeden Augenblick teilen. Er schickte sie in die Wellen und Dutzende Menschen hörten auf ihn. Das Meer jedoch nicht. Wer nicht ertrank, starb auf den Felsen am Fuß der Klippe. Von Moses selbst hörte man nie wieder etwas. Ob er sich einfach verzog oder ebenfalls in den Fluten umkam, ist nicht bekannt.

3. Termin für Weltuntergang: 31. Dezember 2012

Im Dezember 2012 nach unserer Zeitrechnung endete nach 5125 Jahren die »Lange Zählung« im Maya-Kalender. Das bedeute für den Rest der Welt das Ende gleich mit, dachten viele, denn da war ja auch noch der Planet Nibiru, der auf uns zuraste. Die NASA-Website wurde mit Tausenden Fragen überflutet. Einige Fragesteller wollten wissen, ob es Grund zur Sorge gäbe, andere wollten wissen, ob sie sich und ihre Haustiere um die Ecke bringen sollten. Ein Mann in China baute sich – sicher ist sicher –

gleich eine riesige Arche Noah. Zum Glück wurde sie nicht benötigt, denn der Kalender endete gar nicht, er wurde nur einfach
von einem weiteren langen Zyklus abgelöst. Und den Planeten
Nibiru gibt es nicht.

2. Termin für Weltuntergang: 21. März 1843 bis 21. März 1844

Dem charismatischen Propheten William Miller gelang es, 50 000
Menschen davon zu überzeugen, dass die Welt zwischen dem 21.
März 1843 und dem 21. März 1844 enden würde. Zur Wahl ging
von ihnen keiner mehr, lohnte ja schließlich nicht mehr die
Mühe. Die Bauern unter Millers Anhängern pflanzten nichts
mehr an, einige kletterten sogar auf Bäume und Dächer, um ja
die ersten zu sein, die Jesus aus dem Himmel herabsteigen sehen
und die sich dann ihrerseits auf die Himmelfahrt vorbereiten
könnten. Ganz besonders große Witzbolde bliesen in einigen
Städten sogar in ihre Trompeten, was Anhänger Millers als Sig-
nal werteten, dass Christus praktisch vor der Tür stehe. Also
sprangen sie ihm von ihren Aussichtspunkten entgegen – mit
den zu erwartenden schmerzhaften Folgen. Am 22. März über-
schüttete die Presse Miller natürlich mit reichlich Hohn und
Spott, aber viele seiner Anhänger standen weiter zu ihm. »Ich
glaube noch immer daran, dass der Zeitpunkt kurz bevorsteht«,
erklärte Miller hoffnungsvoll und verkündete schon bald einen
neuen Termin – den 22. Oktober 1844. Am Morgen des großen
Tags versammelten sich Tausende und Abertausende auf den
Dächern und in hohen Gebäuden,[1] wo sie mit ausgebreiteten Ar-

---

1 Einigen Schätzungen zufolge handelte es sich um ein Siebzehntel der damaligen Bevölkerung
Amerikas.

men darauf warteten, in den Himmel auffahren zu dürfen. Auch am Nachmittag standen sie noch dort. Der Abend kam und alle waren erschöpft. Der Morgen des 23. Oktobers kam und sie waren niedergeschlagen. Die traumatisierten Anhänger Millers erlitten scharenweise Nervenzusammenbrüche und die ganze Chose ging als »Die große Enttäuschung« in die Geschichte ein.

1. Termin für Weltuntergang: 1914, 1919, 1921, 1926, 1941, 1955, 1976 und, äh, »bald«.

Eigentlich hatten die Zeugen Jehovas vorhergesagt, dass die Welt 1914 enden würde. Auch die ersten Januartage der Jahre 1919, 1921, 1926, 1941, 1955 und 1976 verstrichen, ohne, dass der angekündigte große Knall eintrat. Besonders enttäuschend verlief für die Zeugen Jehovas das Neujahr 1926, denn in Vorbereitung auf den Weltuntergang hatten sie viel Geld in ein Anwesen in Kalifornien gesteckt, wo sie Abraham, Moses, David und Samuel unterzubringen gedachten – die vier alttestamentarischen Propheten waren eigentlich für 1925 erwartet worden. Heutzutage heißt es bei den Zeugen Jehovas nur noch »Das Ende wird kommen«. Genauer mögen sie sich nicht mehr festlegen.

KAPITEL 10

DAS ENDE

Irgendwann ist alles mal vorbei.

DIE ZEHN WAHRSCHEINLICHSTEN WELTUNTERGANGSSZENARIEN

Großer Knall oder langsames Dahinsiechen? Wer weiß das schon.

10. Vulkanausbruch

Ein Vulkanausbruch in Island sorgte 1783 dafür, dass die durchschnittliche Jahrestemperatur in Amerika um neun Grad niedriger als normal ausfiel. Aber das war noch gar nichts. Vor 65 Millionen Jahren kam es in Indien zu einer Magma-Eruption, die ein Jahrhundert andauerte und bei der über eine Million Kubikkilometer Lava freigesetzt wurden. Nach Einschätzung einiger Forscher war dies das Ereignis, das den Sauriern den Garaus bereitete. Und vor etwa 250 Millionen Jahren brach ein Vulkan in Sibirien vermutlich so heftig wie nie zuvor und nie wieder danach ein Vulkan aus. Ja, stimmt schon, ist lange her, aber wir leben zurzeit auch mit einem Supervulkan, der vor sich hin köchelt – unter dem Yellowstone-Nationalpark. Die Forscher haben nicht die geringste Ahnung, wann er sich regen könnte.

9. Sonnenflare

Bei Sternen wie unserer Sonne unterliegt die Helligkeit manchmal Schwankungen. Eine Theorie besagt, dass dies mit sogenannten Superflares zusammenhängt, gewaltigen magnetischen Eruptionen. Warum das so ist, kann niemand sagen, aber das ist letztlich auch egal, denn was zählt, ist: Sonnenflares existieren. Und wenn unsere Sonne mit so etwas anfängt, sind wir und der ganze Planet nach nur wenigen Stunden Toast.

8. Asteroideneinschlag

Gewaltige Felsbrocken, die aus dem Weltraum heranjagen und mit unfassbarer Geschwindigkeit in unsere Welt krachen. Dass dieses Szenario den einen oder anderen leicht beunruhigt, ist nachvollziehbar, denke ich. Und selbst wenn der Einschlag nicht ganze Kontinente pulverisiert, kann es dennoch zu Feuerstürmen, Säureregen und Staubwolken kommen, die uns einen dauerhaften Winter bescheren. Die gute Nachricht: Der *Economist* hat 2013 ausgerechnet, wie groß die Wahrscheinlichkeit ist, dass ein Asteroid die Erde zerstört – 1 zu 74 817 414. Die schlechte Nachricht: Noch vor zehn Jahren wären die Quoten, dass Donald Trump irgendwann einmal Präsident der USA wird, noch höher gewesen!

7. Kometeneinschlag

Ach herrje, die Asteroiden haben böse Vettern. Der Unterschied: Asteroiden bestehen aus Fels und Metallen, Kometen aus Eis und Staub. Klingt ein wenig nach einem Vergleich zwischen Megadeth und Simon & Garfunkel. Mit einem kleinen Unterschied: Kometen können bis zu 10 Kilometer Durchmesser haben und sind mit etwa 100 000 Stundenkilometern unterwegs. Da kann der Aufprall schon mal wehtun.

6. Roter Riese

In etwa sieben Milliarden Jahren verwandelt sich unsere Sonne in einen Roten Riesen und wird dabei so gewaltig anschwellen, dass sie die Erde verschluckt. Mir fällt gerade kein Grund ein, warum das für uns eine gute Sache sein sollte.

5. Biotechnologie

Der Fortschritt hat uns an einen Punkt gebracht, an dem wir mit genetisch manipulierten Pflanzen unvorhergesehene und katastrophale Dinge mit unserer Umwelt anstellen können. Aber nicht nur das: Wir verfügen mittlerweile auch über die Fähigkeit, biologische Krankheitserreger in großen Mengen herzustellen. Mit ihnen können wir ganze Populationen im Handumdrehen ausrotten und dafür sorgen, dass der Film *Twelve Monkeys* wie etwas aus dem Kinderprogramm aussieht.

4. Terminatoren

Durchaus denkbar, dass die Künstliche Intelligenz in naher Zukunft klüger als die Menschen sein wird. Möglicherweise fragen sich die Roboter dann, wozu wir überhaupt zu gebrauchen sind und ob wir all die Mühe überhaupt wert sind. Und selbst wenn die Roboter kein Eigenbewusstsein entwickeln, können ihre Algorithmen doch immer noch jede Menge Zerstörung anrichten. Schon heute beispielsweise gibt es Roboter, die sich ihre Energiequellen suchen und die eigenständig Waffensysteme bedienen. Und Arnie wird auch nicht jünger …

3. Globale Epidemien

Seit der Schwarze Tod ein Viertel aller Europäer dahinraffte, ist eine Menge Zeit vergangen. Aber seit damals haben AIDS und die Spanische Grippe mit jeweils mehr als 20 Millionen Todesopfern gezeigt, was Krankheiten zu leisten imstande sind. Da wir unter Hochdruck daran arbeiten, das Reisen rund um die Welt zu beschleunigen, haben wir auch dafür gesorgt, dass sich Krankheiten rascher und weiter denn je ausbreiten können. Und da wir auch noch zu verschwenderisch mit Antibiotika umgegangen sind, haben wir dafür gesorgt, dass Krankheiten wie Cholera oder die Masern immer weniger auf diese Medikamente ansprechen.

2. Atomkrieg

Allein die USA und Russland besitzen nahezu 19 000 scharfe Atomsprengköpfe. Während ich dies schreibe, sitzen ein rassistischer Vergewaltigungsclown und ein psychopathischer KGB-Macho, der etwas zu kompensieren hat, an den roten Knöpfen.

1. Globale Erwärmung

Die Gletscher schrumpfen, die Jahreszeiten verschieben sich, die Eismassen in der Antarktis schmelzen ab. Das ist nur das, was wir heute schon erleben, und je mehr sich die Erde erhitzt, desto schlimmer wird es werden. Das verdunstende Wasser beispielsweise pumpt Wasserdampf in die Atmosphäre, der dort wie ein Treibhausgas agiert und weitere Hitze bindet. Das könnte die CO_2-Werte aus dem Ruder laufen lassen. Und das ist nur ein Beispiel. Wer nicht ertrinkt, wird zu Tode gebrutzelt. Oder verhungert. Und das Schlimmste daran: Es ist alles unsere Schuld. Genauso wie alles andere. (Bis auf die 24-Stunden-Ameisen vielleicht. An diesen kleinen Scheißern sind wir ausnahmsweise mal nicht schuld.)

BILDNACHWEIS